中国银行家
调查报告

2016

Chinese Bankers Survey

 中国银行业协会
CHINA BANKING ASSOCIATION

 pwc 普华永道

中国金融出版社

除另有说明外，本报告所采用数据均来源于中国银行业协会和普华永道会计师事务所对中国166家银行业金融机构的1794位银行家进行的调查。本报告仅作一般参考之用，既不可视为详尽的说明，也不构成任何法律或投资建议。本报告也并非旨在涵盖所有内容。对文中的信息是否准确或完整，我们不作任何明示或暗示的承诺或保证。中国银行业协会和普华永道不对任何个人或单位因为阅读了本出版物而采取某项行动或未采取某项行动的后果承担任何责任，除非法律另有明文规定。如欲征求具体建议或希望获取文中所提及事宜的更多信息，敬请与中国银行业协会和普华永道客户服务部或其他您的专业顾问联络，以索取详细的专业意见。

欢迎大家阅读由中国银行业协会和普华永道联合发布的《中国银行家调查报告（2016）》。这份报告从银行家的视角反映中国银行业的发展动向，已经持续到第八年了。

本次调查采取"点面结合"的方式开展。项目主持人巴曙松研究员及项目组成员共访谈中国银行业高管人员15人，其中，总部高管（董事、副行长以上）7人，获得了第一手的银行业高管观点。我们继续采用电子形式进行问卷发放和回收，并在全国31个省级行政区域（不包括港澳台）展开。项目组充分考虑地域、级别、注册类型、是否上市等多方面因素，问卷数量较往年增加、范围扩大，总体上覆盖了各类中国银行业机构。回收有效问卷1 794份，为整个调查提供了数据支撑。

2016年，中国银行业金融机构境内外本外币资产总额首度突破200万亿元。与此同时，在不良贷款率上升、息差收窄、投资资产收益率下降等多重压力下，中国银行业的盈利增长持续放缓，大中型银行个位数增长成为"新常态"。而随着互联网、移动手机的普及，传统银行的业务形态正在发生剧变，而金融科技化的发展必将重塑银行业态。

中国银行业在2016年面临了更加复杂的外部环境，银行家对未来三年的营业收入与税后利润增长预期明显下滑，其中最为突出的是资产质量的持续承压。银行家普遍认为"提高不良资产现金清收能力，加快不良资产核销和押品处置"是中国银行业风险防控的首要工作。商业银行在加大传统核销、清收和转让力度的同时，也积极尝试不良资产证券化、与四大资产管理公司合作以及信贷资产收益权转让等多渠道、多样化的方式化解不良。在本调查中，银行家们对目前不良资产处置中比较突出的问题也提出了自己的见解。

我国经济正处于结构调整的关键时期，党中央和国务院对银行业担当社会责任、服务实体经济提出了更高要求。面对结构调整，银行家普遍认为"产业升级转型，拓展新市场"为中国银行业发展带来了重大机遇。实体经济是实力基础和财富根源，受访银行家们对支持实体经济、服务实体经济、缓解融资难融资贵等突出问题有广泛认同。为配合国家供给侧结构性改革政策，超过八成的银行家认为应该主动调整信贷结构及加强对新兴产业的信贷支持，并相继推出丰富的银行产品推动投贷联动、"债转股"、绿色金融发展，切实担当社会责任、提升服务实体经济质效。

本次调查的另一个关注点是金融科技（FinTech）。近年来，基于大数据、云计算、人工智能、区块链等一系列金融科技创新技术，已经全面应用于支付清算、借贷融资、财富管理、零售银行、保险等领域。这对传统银行业务既形成了冲击，又带来了机遇，银行正充分利用技术的更新、理念的发展升级服务，并通过与互联网科技的融合不断尝试业务创新。2016年，互联网金融依然受到银行家的高度重视，半数银行家表示会将互联网金融作为未来的发展重点，并加大投入。同时超过半数的银行家认为"开发新业务系统所面临的信息科技风险"是发展互联网金融面临的首要风险。

前言

借此机会，我们向所有接受本次调查的银行家表示感谢。他们在繁忙的工作之余填写问卷、接受访谈，无私奉献他们的专业见解、敏锐观察与宝贵经验。我们希望通过阅读本报告，读者能够比较全面透彻地了解中国银行业的现状与前景，以及中国银行家的心声。同时，我们感谢社会各界对这份报告的广泛支持与厚爱，诚挚期待读者提出宝贵意见与建议。读者的支持与关注是我们努力的动力源泉。

如需更多相关信息，请与中国银行业协会、普华永道或项目主持人联系。

潘光伟
中国银行业协会专职副会长

吴卫军
普华永道北京首席合伙人

巴曙松
项目主持人

2016年12月，北京

目录

目录

目录

导　语

2016年以来，全球经济形势相对动荡，主要发达国家经济缓慢复苏，新兴国家经济增速也有所放缓，英国脱欧事件引发市场恐慌，对全球经济复苏的进程更为不利。在此背景下，当前中国的经济增长和结构转型面临着较为复杂和严峻的国际环境。2016年，我国经济运行状况整体平稳向好，显示出一些积极的变化，结构调整继续取得进展，市场预期有所改善，但下行压力依然存在，经济企稳的基础并不牢靠，结构性问题依然未得到有效解决。在中国经济持续调整和利率市场化的大环境下，中国银行业持续面临着利润增速放缓、息差收窄、不良贷款"双升"等压力，需要寻求新的增长动力。连续第八年出版的《中国银行家调查报告》也将继续向您全景展示中国银行家对当前经营形势的判断与思考。

宏观环境

2016年，中国GDP增速为6.7%，经济增长缓中趋稳、稳中向好。与上年相比，银行家对中国经济增长预期又下了一个台阶，78.7%的银行家认为未来三年中国GDP增长率区间为6.0%~7.0%（2015年85.1%的银行家选择6.5%~7.5%）。关于中国经济发展面临的主要问题，银行家认为经济增速放缓（60.7%）和经济结构失衡（58.6%）尤为突出。超过半数（54.5%）的银行家认为，经济下行对银行业经营造成的最大困境是风险暴露增加。关于中国人民银行2016年新实施的"宏观审慎评估体系"（MPA）对银行业产生影响，68.6%的银行家认为资本金将成为核心约束，高资本消耗业务面临较大的压力。75.8%的银行家认为人民币加入SDR货币篮子将加速人民币国际化进程。

供给侧改革

伴随中国经济进入新常态，供给与需求的结构性矛盾凸显，供给侧改革已成为中国经济改革的主线。八成银行家认为"产业升级转型，拓展新市场"是供给侧改革为中国银行业发展带来的重大机遇。同时，作为供给侧改革重要任务的"三去一降一补"在短期内也对银行业带来了一些挑战，主要包括："利润空间下降"（64.3%），"整体发展速度放缓"（52.8%）、"资产质量恶化"（52.8%）、"不良资产处置困难"（46.1%）等。超过七成的银行家认为"降低产能过剩行业企业、'僵尸企业'和低效领域对信贷资源占用"（71.6%）是银行配合供给侧改革的首要工作。85.4%的银行家认为应该主动调整信贷结构，79.7%的银行家认为应加强对新兴产业的信贷支持。

大资管与大投行

2016年，"资产荒"现象有愈演愈烈之势。银行家认为，这一现象产生的主要原因是"宏观经济增速放缓"（78.3%）和"资产风险高企"（76.9%），同时也与金融机构同质化竞争过度、风险偏好高度一致有关。做强资管业务（61.8%）与大力发展投行业务（54.3%）是破解"资产荒"难题的主要途径。

做强理财产品（60.1%）以及发展以投资顾问为核心的财富管理业务（50.1%）将是中国银行业今后一段时间内资管业务发展的主要方向。在资管产品投向方面，货币市场与债券市场资产最受青睐，主要包括境内公司和企业债券、短期融资券、中期票据、私募债券等资产（75.7%），境内拆放、（逆）回购、同业存放等货币市场资产（60.6%），非标准化债权资产（52.2%）等。

商业银行发展"大投行"业务的主要方式包括：发展产业基金、PPP项目资本金等创新股权融资产品（66.8%）；做强债券承销、投融资顾问、银团贷款等基础类投行业务（64.4%）等。业务模式单一、产品缺乏独创性（66.9%），风险防范机制和能力不够（60.3%）以及从业人员专业能力不强（59.0%），是发展"大投行"业务面临的主要困难。

投贷联动

2016年，国家出台政策支持开展投贷联动试点。71.1%的银行家认为"开辟投资渠道，扩大投资规模"是投贷联动带来的最主要的积极作用。开展投贷联动业务时，成长期的科创公司（52.4%）更受银行家的关注。最吸引银行家的企业特质是市场前景良好（77.2%）。投贷联动的主要业务模式是银行内部信贷投放部门与具有投资功能的子公司进行合作（33.0%）和与VC、PE机构合作相互参与对方项目评审会，在VC、PE投资后跟进贷款（32.7%）。对于银行参与投贷联动业务的组织模式，银行家最倾向于申请设立具有投资功能子公司（36.5%）。银行开展投贷联动业务的制约因素主要包括"风险相对较高，收益回报期限较长，不确定性大"（58.1%），"商业银行与投资银行的风险偏好不一致"（57.4%）。

"债转股"

为有效防范和化解企业债务风险，切实降低

企业杠杆率，推进供给侧改革，中国政府启动了新一轮"债转股"。64.9%的银行家认为"债转股"将有利于缓解企业债务困境，降低市场信用风险和金融体系风险。但47.2%的银行家认为"债转股"并不能真正消除银行业所面临的危机，只是推迟风险暴露。47.1%的银行家认为本轮"债转股"的核心和主要困难是建立市场化的管理机制。而且，"债转股"的实施还面临着法律障碍、资本约束、退出机制不健全、效率低下等多重难点。在"债转股"的具体实施方式上，只有3.9%的银行家认为应直接将银行对企业的债权转为银行对企业的股权，绝大多数银行家认为应将此项业务委托给资产管理公司、子公司或其他第三方机构等进行专业化管理。

风险管理与内部控制

2016年，中国银行业资产质量面临的形势依然严峻，不良贷款余额和不良贷款率"双升"局面尚未扭转。从中国银行业面临的各类风险看，2016年银行家最为关注的分别是：经济下行导致的信用风险（81.3%）；利率、汇率、股票价格波动导致的市场风险（53.8%）等。"提高不良资产现金清收能力，加快不良资产核销和押品处置"是2016年中国银行业在风险内控方面的首要工作。对于"两权"抵押贷款，59.2%的银行家认为"建立抵押物处置机制"是防控风险最有效的措施。51.0%的银行家认为境外运营风险管理的重点是要加强风险的识别判断。

55.4%的银行家认为"构建权责明晰的内部控制组织体系"是完善银行内部控制的重点。"银行重业绩、轻管理，忽视内控管理"（69.2%）是造成银行业风险案件频发的最主要原因。票据类业务（74.7%）和信贷类业务（70.9%）是2016年案件风险排查的重点。

不良资产处置

2016年，中国银行业不良资产余额和不良贷款率仍维持高位，尽管如此，69.5%的银行家认为目前中国银行业不良贷款仍尚未充分暴露。61.4%的银行家认为未来1~2年是不良资产暴露的洪峰。目前来看，绝大多数银行家选择使用依法收贷（72.2%）、常规催收（68.0%）、核销（49.3%）、重组（49.1%）等传统方式处置不良资产。随着监管部门政策的放开和支持，66.6%的银行家选择了不良资产证券化作为未来三年内比较适合中国银行业的不良资产处置方式。其次依次是重组（50.8%），依法收贷（36.8%），债转股（36.4%），委托处置（31.6%），不良收益权转让（30.7%）。银行家认为不良资产处置方面比较突出的问题是"法院诉讼追偿效率低，处置时间长"（79.6%）和"抵质押品处置难度大，担保效果差"（67.4%）。

人力资源管理

近年来，中国银行业人员流失现象较为明显，如何引进并留住人才是人力资源管理面临的一个紧迫问题。个人晋升空间大（49.1%）、职业能力提升快（45.5%）和工作稳定性高（40.7%），是银行业吸引并留住人才的主要因素。而个人晋升空间小（50.4%）、工作压力大（44.9%）和薪酬待遇差（42.8%）则是银行从业人员辞职的主要原因。85.3%的银行从业人员在辞职后的去向仍然选择金融机构。

公司治理

与2015年的调查结果相比，银行家对中国银行业公司治理现状各项指标的评价均有不同程度的上升。其中对银行履行"社会责任"的评价最高（4.56分），体现了我国的银行业有较强的社会责任感；对"组织架构的健全性"的评价次之（4.44分），一定程度上反映出对目前国内银行健全公司治理架构相关实践的认可。关于员工持股计划，约87%的银行家对于该计划效果持正面态度，但计划的实施面临重重困难，主要包括持股架构较难设计（46.2%）、股权估值及财务税务处理困难（45.5%）、监管政策限制（45.3%）、实际管理操作过于复杂（44.4%）。

绿色金融

绿色发展已经成为"十三五"乃至更长时期我国经济社会发展的一个基本理念，作为绿色发展重要组成部分的"绿色金融"，也越来越受到重视。接近九成（88.9%）的银行家认为当前开展绿色金融将对银行经营产生正面影响。半数（50.6%）的银行家认为开展绿色金融应从金融产品入手。82.4%的银行家表示将在风险可控的前提下增加绿色经济领域的贷款。但当前发展绿色金融仍面临着重重困难，主要包括缺少有效的激励约束机制（19.4%），没有制定绿色金融的法律规范、缺乏保障（17.4%），政府支持政策尚不配套

（17.1%），缺乏专门管理人员、机构、制度及技术（16.5%），绿色金融市场流转体系不完善（14.4%）等。银行家认为出台对绿色金融的扶持政策（77.8%）、建立并完善绿色金融的风险分担机制（67.9%）是最需要完善的方面。

普惠金融

2016年1月，国务院印发《推进普惠金融发展规划（2016~2020）》的通知，要大力发展普惠金融，让所有市场主体都能分享金融服务。对于银行推行普惠金融工作最主要的意义，64.4%的银行家认为是基于履行社会责任的需要。74.9%的银行家认为应区分不同类型业务的风险收益情况的差异来推动普惠金融。帮扶小微企业融资（56.3%）和支持"三农"（37.0%）是中国银行业普惠金融的工作重点。改善普惠金融服务应着力于加强创新金融产品（62.4%）。开展普惠金融面临的最主要的问题是"信贷数据积累不足、信用体系不健全"（52.7%）。

互联网金融和信息化建设

2016年，互联网金融依然受到银行家的高度重视，47.2%的银行家表示会将互联网金融作为未来的发展重点，并加大投入。但频频爆发的风险事件也不断引发银行家对互联网金融发展的理性思考，56.4%的银行家认为"开发新业务系统所面临的信息科技风险"是发展互联网金融面临的首要风险。

在信息化建设方面，2016年银行家对基础性、关键性信息系统的关注程度上升，系统建设重点包括核心交易系统（72.3%）、信贷管理系统（46.1%）、风险管理系统（44.2%）、支付清算系统（43.4%）。对于大数据技术，精细化管理（64.7%）和客户营销（62.4%）是其主要应用领域。伴随比特币受到市场追捧，其主要技术手段——区块链技术，也受到了银行家的关注。但多数银行家认为区块链在商业银行中的应用前景并不是很明朗，还存在着很多障碍，比如：区块链技术在商业银行中的应用还不是很成熟（67.6%）、区块链技术与我国现有的监管模式不是很适应（64.1%）等。

监管评价

2016年，银行家对主要监管指标的评价总体维持在较高水平，但对监管指标体系和监管方式的评分均有所下降，反映出在经济下行期，银行家对已有监管政策调整和监管方式创新更为期待。近半数受访银行家认为现行的"一行三会"金融监管架构需要调整。在现行的以机构监管、微观行为监管为主的金融监管架构下，超四成的银行家认为应进一步强化功能监管和宏观审慎监管。关于拨备覆盖率，六成银行家认为有向下调整的需要。近年来，随着境外监管机构监管强度和检查力度的增加，中资银行面临的监管合规压力与日俱增。银行家认为"境内外法律和监管政策冲突"（58.9%）是境外监管压力的主要来源，并建议采取各种措施积极应对，主要包括："完善风险内控制度"（54.1%）、"提升法制合规意识"（53.7%）、"加强与境外监管当局的沟通"（45.8%）、"加强海外战略规划"（43.5%）等。

银行家群体

宏观经济下行，银行业利润增速下降、不良居高不下，使得银行家对工作与生活的满意度同比下滑。在本年度的调查中，银行家对自身业余生活（3.77分）、工作压力（3.78分）和薪酬水平（3.79分）的满意度评价最低。"缺乏有效的激励约束机制"（30.4%）被认为是中国银行家成长过程中面临的最大阻碍。近一年来，银行家离职率上升，主要原因一方面是银行家主观上有挑战更市场化领域的意愿（32.7%），另一方面是客观上银行盈利能力明显下降，导致银行家工作"压力山大"（30.7%）。

发展前瞻

　　随着经济增速放缓和同业竞争的加剧，银行家对未来三年的营业收入与税后利润增长预期有明显下滑。接近九成的银行家预计今后三年的营业收入增长率和税后利润增长率将低于15%，约七成的银行家预计收入与利润增速将低于10%，这一预期延续了近年来不断下滑的趋势。银行家认为，宏观经济短期内仍为L型（37.2%）是银行业未来发展面临的最大风险和挑战；而提高资产质量（64.1%）和调整客户结构（54.1%）是摆脱利润增长困境的主要措施。银行家对未来资产质量的担忧与前些年相比有所上升，超过60%的银行家认为其所在银行今后三年的不良资产率将超过1%，说明加强风险管理已经成为银行业的当务之急。中国银行业拨备覆盖率与2015年相比明显下降，有超过半数的银行家预计，其所在银行2016年末的拨备覆盖率将不足150%。中国银行业资本充足情况也不容乐观，约70%的银行家预计其所在银行2016年末的资本充足率将在11.5%以下，超过30%的银行家认为这一数字将在10.5%以下。

第一部分
宏观环境

　　进入2016年，全球经济仍处在缓慢复苏阶段，增长动能不足。不论是发达国家之间，还是发达国家和发展中国家之间，经济复苏均呈差异化趋势。美国率先进入加息周期，其他国家仍处于货币宽松阶段。而国内方面，中国经济迈入新的经济发展阶段，面临诸多挑战，在2016年政府工作报告中，更是首次采用6.5%~7.0%的区间经济增长目标。进入新阶段，中国银行家对于经济增长也呈现了与往年不同的观点。

一、银行家预期未来中国经济增长继续放缓

对未来三年中国GDP增长率区间的调查结果显示，78.7%的银行家认为经济增长率区间为6.0%~7.0%，其中41.2%的银行家认为增长率区间应该为6.5%~7.0%，37.5%的银行家认为该区间为6.0%~6.5%；17.2%的银行家认为增长率将低于6.0%；仅4.0%的银行家认为增速将达到7.0%以上。对比往年调查结果（2015年85.1%的银行家选择6.5%~7.5%，2014年72.6%的银行家选择7.0%~8.0%），2016年银行家下调了对中国经济增长的预期。全球经济增长找不到新的增长引擎，国内正处于主动化解过剩产能、培育新经济增长点的阶段，这使得银行家认为未来三年中国GDP将难以实现7.0%以上的增长。

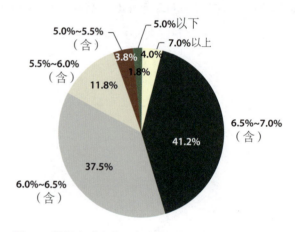

图1-1　银行家对未来三年中国GDP增长率区间的看法

随着经济增长速度的回落，经济结构失衡、产能过剩、地方政府债务等问题也随之浮出水面。正是在这样的背景下，"去产能、去杠杆、去库存、降成本、补短板"的供给侧改革成为引领经济发展新常态的手段。关于中国经济发展面临的主要问题，60.7%的银行家认为是经济增速放缓，58.6%的银行家认为是经济结构失衡，51.3%的银行家认为是产能过剩相关风险，34.7%的银行家认为是地方政府性债务风险，还分别有25.5%和24.4%的银行家认为是全球市场波动和房地产市场调整。这表明随着中国经济增长速度的下滑，经济运行中的多方面风险正在逐渐积累，深层次结构性矛盾不断凸显，并对经济发展产生不利影响。

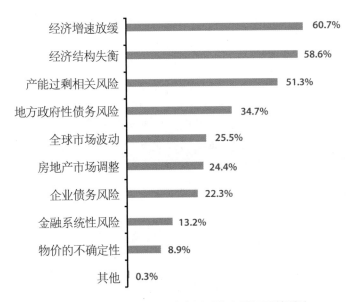

经济增速放缓 — 60.7%
经济结构失衡 — 58.6%
产能过剩相关风险 — 51.3%
地方政府性债务风险 — 34.7%
全球市场波动 — 25.5%
房地产市场调整 — 24.4%
企业债务风险 — 22.3%
金融系统性风险 — 13.2%
物价的不确定性 — 8.9%
其他 — 0.3%

图1-2　银行家对中国经济发展面临主要问题的看法

二、科技创新和经济金融改革政策受到更多关注

　　在对银行家最应关注的社会经济发展趋势的调查中，产业结构调整（67.5%）最受银行家关注，其次是科技创新与技术进步（44.7%）和社会融资的多元化（44.5%），区域经济发展格局的变化也受到了43.6%的银行家的关注。相比2015年，银行家对于产业结构调整的关注度有所下降（2015年73.5%），科技创新与技术进步关注度有一定程度的提升（2015年为41.4%）。很明显，在银行家看来，中国经济转型、结构升级等各项改革发展工作取得了积极成效，但一些结构性问题仍然较为突出，企业创新能力亟待增强。一方面要通过体制创新消除制度性障碍，改善资源配置效率；另一方面要通过科技创新推动产业结构优化升级。而产业结构调整、全要素生产率提高是中国经济未来重要的变量。

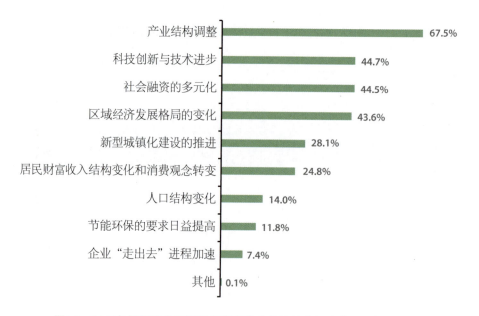

图1-3　2016年银行家关于银行经营者最应关注社会经济发展趋势的看法

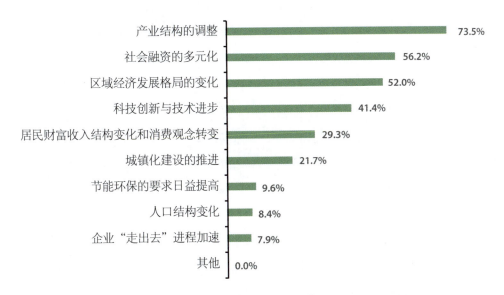

产业结构的调整 73.5%
社会融资的多元化 56.2%
区域经济发展格局的变化 52.0%
科技创新与技术进步 41.4%
居民财富收入结构变化和消费观念转变 29.3%
城镇化建设的推进 21.7%
节能环保的要求日益提高 9.6%
人口结构变化 8.4%
企业"走出去"进程加速 7.9%
其他 0.0%

图1-4 2015年银行家关于银行经营者最应关注社会经济发展趋势的看法

在日常经营中，银行家最关注的外部环境是经济金融改革政策
（55.7%），其次为金融监管政策（55.5%）和宏观调控政策（53.8%）；紧随
其后的是风险因素，包括企业经营风险、行业性风险、区域性风险。从关注度
看，银行家对于政策的关注度要明显高于对风险的关注度。中国特色社会主义
市场经济带有明显的政策烙印，这也体现在银行家对政策的关注整体大于对风
险本身的关注，政策变量仍是主导市场的关键因素之一。随着改革的进一步推
进，与2015年相比，经济金融改革政策成为银行家更为关注的外部环境因素
（2015年为第三位）。

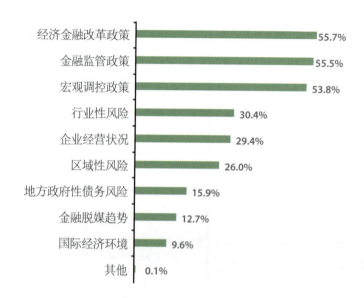

图1-5　2016年银行家日常经营中最为关注的外部环境因素

图1-6　2015年银行家日常经营中最为关注的外部环境因素

三、利率市场化仍受近八成银行家关注

与往年的调查结果相比，银行家对2016年以来宏观经济政策效果的总体评价较高，平均分为4.02分（满分为5分），比2015年的平均分高出0.1分（3.92分）。其中，货币政策、财政政策、产业政策和监管政策的得分分别为4.11分、4.03分、3.92分和4.04分。就单项政策效果而言，产业政策的得分最低，但仍旧高于往年平均分；货币政策效果的得分最高，这与近两年来面对经济基本面变化时，货币政策的灵活性不断提高密不可分。

表1-1 银行家对宏观经济政策效果的评价

政策类型	2016年以来	2014—2015年	2013—2014年	2012—2013年	2011—2012年	2010—2011年	2009—2010年
货币政策	4.11	4.06	3.85	3.89	3.38	3.28	3.42
财政政策	4.03	3.9	3.66	3.71	3.25	3.25	3.5
产业政策	3.92	3.8	3.59	3.54	3.1	3.15	3.12
监管政策	4.04	3.93	3.78	—	—	—	—
平均得分	4.02	3.92	3.72	3.74	3.24	3.23	3.35

为进一步完善宏观审慎政策框架，更加有效地防范系统性风险，发挥逆周期调节作用，并适应资产多元化的趋势，中国人民银行从2016年起将差别准备金动态调整和合意贷款管理机制"升级"为"宏观审慎评估体系"（Macro Prudential Assessment，MPA）。我国的MPA将原来单一指标进行了拓展，重点考虑金融机构的资本和杠杆情况、资产负债情况、流动性、定价行为、资产质量、外债风险、信贷政策执行等七大方面的十多项指标。这是我国央行监管理念的一次重大转变，央行更注重系统性风险的识别和评估，以及时识别金融体系的脆弱性，为有针对性地采取政策措施提供决策依据。在对新实施的MPA对银行业产生影响的调查中，有68.6%的银行家认为资本金成为核心约束，高资本消耗业务面临较大的压力；有47.8%的银行家认为会使代持、同业投资、SPV投资等资产腾挪的可行性降低；另有44.6%的银行家认为会制约"大资管"模式的资产配置方式；还有41.0%的银行家认为依靠同业负债来进行资产配置的发展模式受到约束；也有37.0%的银行家认为不同银行影响差异化，银行业将出现分化。

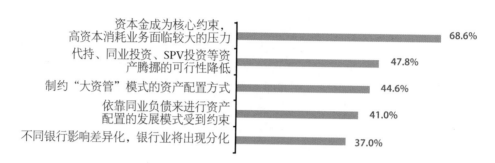

图1-7　银行家对新实施的MPA对银行业将产生影响问题的看法

中国的金融改革依然走在路上，利率市场化改革仍然是银行家认为对银行经营影响最大的因素（79.8%），其次是综合化经营趋势（45.3%），发展多层次金融市场和银行业准入紧随其后，分别有37.6%和37.5%的银行家认为会对银行经营产生重大影响。

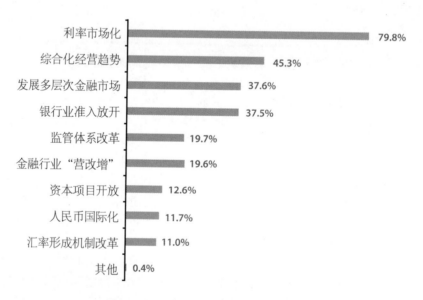

图1-8　银行家对各项金融改革的关注度

四、一线城市房地产市场仍被看好

受2016年第一季度房地产市场政策宽松影响，房地产市场热度持续上涨，全国房地产销售量创出同期历史新高。银行家对房地产市场未来走势的调查表明，银行家对不同城市意见仍存在较大分歧。对于一二线城市，超过九成的银行家认为房地产市场的销量和价格会上升或至少持平，不同的是大约六成的银行家认为未来一年一线城市房地产市场量价齐升（销量上升占54.1%，价格上升占66.5%），而对于二线城市只有四成左右的银行家认为房地产市场会量价齐升（销量上升占36.7%，价格上升占41.8%），而对于三四线城市，有超过八成的银行家认为未来一年这些城市的房地产价格和销量会下降或最多持平。

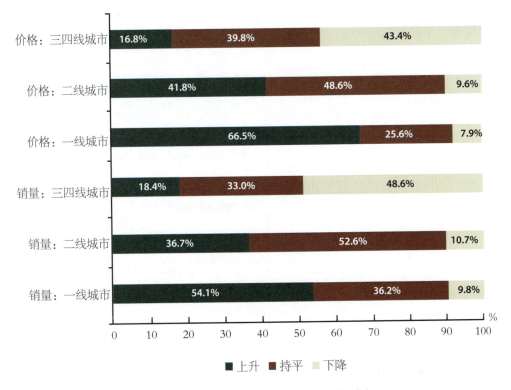

图1-9　银行家对未来一年房地产走势的看法

值得注意的是，面对房地产价格上涨过快的情况，第三季度以来，部分一二线重点城市陆续出台了房地产调控政策，或将使得后期房地产销售市场承压。

五、人民币纳入SDR带来人民币业务新机遇

　　2015年11月30日，国际货币基金组织执董会决定将人民币纳入特别提款权（SDR）货币篮子，权重为10.92%，新的SDR篮子于2016年10月1日生效。在人民币纳入SDR后对宏观经济主要影响的调查中，有75.8%的银行家认为人民币加入SDR货币篮子将加速人民币国际化进程；53.9%的银行家认为会加大对人民币资产配置，增加人民币业务机会；另有51.2%的银行家认为人民币国际化进程加快，有利于中资企业"走出去"。人民币纳入SDR后，人民币成为继布雷顿森林体系之后第一个来自发展中国家的SDR货币，人民币入篮会增加对人民币资产的需求，对人民币国际化进程带来深远影响。而人民币国际化进程加快，为正在受到国内经济下行压力、盈利放缓、利率市场化推进挤压利差空间等多重因素考验的中国银行业提供了难得的新增长点。与此同时，我国国内市场与国际市场更加频繁互动，将使我国汇率与利率环境更加复杂多变，银行业的风险管理水平将面临更严峻的挑战。

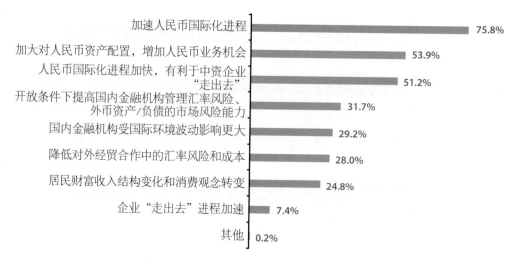

图1-10　银行家对于人民币纳入SDR后对宏观经济的主要影响的看法

六、"债转股"需建立市场化的管理机制

在经济下行、银行资产质量不断承压的背景之下,各方力量都在积极谋求化解银行不良资产的有效路径,"债转股"成为重要的选项之一。在"债转股"对商业银行的影响的调查中,有64.9%的银行家认为"债转股"将化解不良,降低企业债务困境,有利于缓解市场信用风险和金融体系风险;57.5%的银行家认为"债转股"为商业银行混业经营、业务创新带来新方向;43.8%的银行家认为债转股可以促进投贷联动,扩大综合化经营。但也有银行家对"债转股"存在顾虑;有38.7%的银行家认为不良"债转股"难以大范围铺开,影响有限;35.7%的银行家认为"债转股"将增加银行资本金消耗。不难看出,银行家对"债转股"多元化目标实现有一定预期,但多元化的目标之间存在着不少矛盾和制约关系,如何实现"债转股"多元化目标之间的平衡,也是亟待解决的问题。

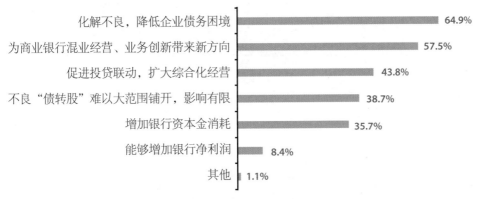

图1-11 银行家对"债转股"对商业银行的影响问题的看法

47.1%的银行家认为"债转股"的主要困难是建立市场化的管理机制,29.7%的银行家认为是操作细节和方式带来的挑战,还有22.6%的银行家认为是"债转股"过程中对企业资质的认定存在困难。"债转股"的重点在于推进供给侧结构性改革,从根本上化解系统性风险。如此,市场化的管理机制才能撬动民间资金参与国企改革发展混合所有制经济,才能够健全市场经济的法治基础设施建设,真正促进中国经济的结构性改革,因此,建立市场化的管理机制成为本轮"债转股"能否成功的核心。

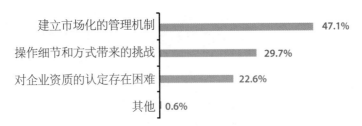

图1-12 银行家对"债转股"可能遇到的主要困难的看法

中国银行国际金融研究所首席研究员宗良、中国进出口银行战略规划部课题组谈银行业与"三去一降一补"

课题组：您认为供给侧改革中最亟须推进的领域有哪些？

宗良（中国银行）：供给侧改革是新时期的一项重要任务，提出的五大任务是"三去一降一补"。当前，产能过剩、企业债务高企、"僵尸企业"等问题已成为制约中国经济增长的重要因素。今年，房地产行业增长迅速，非金融企业信贷增长乏力，商业银行不良率居高不下，将会导致债务通缩的流动性和风险性循环的可能性加大，加大经济下行的压力。结合今年经济形势的变化，需要考虑"三去一降一补"各个任务之间的平衡。

"去产能"方面，要重点推进"僵尸企业"的去产能，提高企业的效率，达到市场出清的目的。"去杠杆"方面，可以通过一些风险化解手段降低银行的不良率，推动银行信贷的循环，这也是新兴企业去杠杆比较好的解决方案。"去库存"方面，当前的政策导向应当还是推动促进三四线城市有效去库存和一二线城市房价回归。"去库存"最初的政策意图是化解房地产的库存高企问题，由于去库存的力度过大，导致一二线城市房地产价格飙升。近期出台的诸多房地产政策是非常必要的，未来对于房地产调控呈现量稳

价收态势的可能性较大。"降成本"方面，可以通过降成本提高企业的竞争力，这是供给侧改革的一个重要领域。降成本包括降低劳动力成本、融资成本、税收成本等。劳动力成本具有刚性，很难降下来。劳动力成本应当与其生产经营水平相适应，不能过快增长。税收成本是企业经营最大的压力，中国企业的税负水平最高，降低税负水平会提高企业的竞争力。近些年融资成本逐渐下行，但在中小企业信贷条件恶化的背景下，很多中小型企业出现融资难，只能通过民间借贷、担保等形式进行融资，融资价格相对较高。因此，降低融资成本应当着力于对担保企业的治理，政府可通过向中小企业提供信用担保等形式解决其融资难的问题。"补短板"方面，要扩大有效供给，加快技术、产品、金融业态的创新。

中国进出口银行战略规划部课题组：供给侧结构性改革的重点是解放和发展社会生产力，用改革的办法推进结构调整，减少无效和低端供给，扩大有效和中高端供给，增强供给结构对需求变化的适应性和灵活性，提高全要素生产率。当前，供给侧结构性改革最亟须推进的重点任务是"三去一降一补"，即去产能、去杠杆、去库存、降成本和补短板。全面落实五大重点任务，要从供给端入手，通过有效的市场竞争，提高资

源配置效率，促进产能过剩有效化解，促进产业优化重组，降低企业成本，发展战略性新兴产业和现代服务业，增加公共产品和服务供给。其中，去产能和去杠杆的关键是深化国有企业和金融部门的基础性改革，去库存和补短板的指向要同有序引导城镇化进程和农民工市民化有机结合起来，降成本的重点是增加劳动力市场灵活性、抑制资产泡沫和降低宏观税负。

现阶段，银行业的业务重心应尽快向"三去一降一补"倾斜，积极调动各方面因素支持供给侧结构性改革。中国进出口银行作为政策性金融机构，将充分发挥带动作用和示范效应，助力实体经济转型升级、提质增效。

课题组：供给侧改革的重要方面在于金融端，您认为供给侧改革会给银行业带来哪些机遇？在"三去"过程中，银行业会受到哪些方面的冲击？

宗良（中国银行）："去产能"方面会增加银行的并购融资和跨境业务。"去产能"会增加企业的兼并重组程度，在兼并重组过程中，中国银行会充分发挥在兼并重组方面的优势，对一些优质企业开展并购融资的业务。同时，会在东南亚、非洲和欧洲等地开展跨境业务，推动银行业"走出去"的进程。在"去库存"方面，中国银行会通过房地产企业分类，加强对房地产信贷总量的控制和三四线城市信贷总量的项目管理。"去杠杆"方面，可以推动银行创新业务的发展。"去杠杆"虽然会降低银行的融资余额，但是有利于促进风险性较高的企业从债务融资向股权融资方向转变。对地方政府债务的置换、PPP模式运作和股权融资等为推动银行创新业务的发

展提供了良好的机遇。在"降成本"方面，银行会通过多渠道推动大型企业降成本。近两年贷款利率处于下行走势，降成本即降低银行资金的价格，对于银行的利润率影响较大。在大型企业客户中表现尤为明显。可以从两个方面推动大型企业的降成本：一方面降低价格；另一方面从债务市场、股权市场，通过投贷联动等多方面降低成本。在"补短板"方面，技术升级、新兴产业、公共基础设施建设为银行扩大业务创造了机会，银行业会加大对这些项目的投入。

供给侧结构性改革对银行业来说，存在着六大机遇。一是商业银行开展综合化经营。行业兼并重组增加商业银行投行业务。随着债券市场的开放、深股通和港股通等会吸引更多境外投资者，增加了证券的发行和承销的业务机遇。二是推动传统公司金融业务的发展。三是发展新兴产业，推进新业态、新动力的形成。四是在基础设施领域，加大对公共产品和服务的投入。五是积极发展绿色金融产业，促进人与自然和谐发展。六是推动消费信贷业及其相关业务的增长，未来对于改善型养老、医疗、财富管理等方面的消费需求会逐渐增加。随着人民币加入SDR，人民币国际化加快，与人民币相关的业务量增多，促进跨境业务的发展。

对银行业造成的冲击主要体现在两个方面：一是价格方面的冲击，近年来，银行的业务量在增长，但是与前几年相比收益率增长态势有所下降，加大了商业银行在公司业务经营方面的经营压力；二是政策变化带来的冲击，例如在去产能和房地产去库存过程中，政策的调整会影响银行经营的盈利能力。银行业应当根据政策的变化及时进行相应的调整。

中国进出口银行战略规划部课题组：从长期看，供给侧结构性改革中五大重点任务的落实都有利于增强发展动力，但从短期看，五大任务与稳增长之间似乎具有"对冲"作用。因此，供给侧结构性改革对银行业的影响也应从短期和长期两个方面进行考量。一方面，供给侧结构性改革对银行业的冲击集中在短期方面。一是实体经济增速放缓和结构调整使得传统部门有效信贷需求下滑，银行业务拓展难度增大。经济新常态下，传统增长模式难以为继，实体经济的融资方向、结构和模式都会发生变化，这使得银行传统业务模式面临挑战。二是银行资产质量下行压力加大，风险防控形势严峻。受客观经济环境等因素影响，银行业不良贷款恐呈上升趋势，银行业面临风险逐渐增加。三是财务压力加大，银行盈利能力下降。在宏观经济低位运行、同业竞争加剧的背景下，银行利差呈收窄趋势。服务收费精简以及贷款减值准备支出增加也使得银行收入和利润大幅减少。

另一方面，供给侧结构性改革也给银行业带来了机遇。首先，"补短板"任务聚焦脱贫攻坚、灾后重建和中小水利治理加固、重大软硬基础设施建设、新产业新动能培育等重点领域，增加了银行业的新业务需求。其次，从长期来看，供给侧改革的顺利推进将为银行业发展提供广阔的空间。一是供给侧结构性改革能带动大批新兴产业发展，有效提升经济潜在增长率，产生新的经济增长点，为银行金融服务的介入提供市场空间；二是供给侧结构性改革有利于银行信贷退出产能过剩行业和"僵尸企业"，流向有竞争力、有市场、有效益的优质企业，优化银行信贷结构，改善信贷资产质量；三是供给侧结构性改革的推进对银行业务导向、金融模式和服务能力提出了新要求，有利于提升银行业金融服务的整体水平。

课题组：您认为"三去一补"过程中，资产质量恶化最严重的主要体现在哪些方面？哪类银行预期受到的负面冲击会更大？

宗良（中国银行）：从中国银行开展的具体业务来看，近几年消费贷款中资产质量下行较为严重的主要集中在产能过剩行业和与之相关的上下游行业。过去对于过剩产业的风险控制较早，不良率较低，但是异常关注类企业上升较快，预计未来资产质量下行压力依然较大。严重过剩的产业有钢铁、造船等，这些行业客户数量较少，集中度较高。从去年开始，原来具有资源优势的铁矿石行业下行的压力逐渐增加，对采矿业授信风险随之上升。现在大宗商品等零售批发业务形势也不佳。建材、煤炭等行业资产质量下行非常严重。中小煤炭企业融资困难，成本较高，同时随着环保要求的提升，中小煤炭企业降成本的压力非常大且空间比较小，该行业的不良率仍然较高。

客户结构和产品结构比较单一、提供综合经营能力差、风险化解手段较缺乏多样性的银行，在此过程中受到冲击会更大。例如前些年浙江民营企业"跑路"等造成的风险，一般分行层面就可以自我化解。近些年，由于客户集中度较高、产品单一，一旦大客户如央企等触发风险事件，银行在一定程度上会被客户绑架。

中国进出口银行战略规划部课题组：在"三去一补"过程中，资产质量恶化最严重的主要表现在钢铁、煤炭等产能过剩行业的企业，受行业整体不景气的影响，部分企业在一定程度上出现经营困难。这些企业在净现金流大幅下降的同时，也面临部分银行授信政策收紧等问题，从而容易出现资金链断裂等风险，导致风险防控形势严峻。部分银行对产能过剩行业授信业务余额较高（特别是为国内产能过剩行业相关物流贸易企业开办大量票据业务），抵（质）押物等担保措施不够充足，预期受到的负面冲击会更大。

课题组："三去"大环境下，贵行将采取哪些措施来积极应对可能出现的冲击？

宗良（中国银行）：在国家提倡金融支持实体经济的号召下，中国银行也采取了相应的措施。

从客户角度：我们可以对客户进行选择，更多关注全球、中国几百强、优秀的国营企业和大型企业，分别对大中小企业采取不同措施。

从行业角度：发改委出台了支持重点领域重大工程建设的指导意见，促进银行业支持实体经济的发展。中国银行在这些领域做了大量的工作，取得了不错的效果。增加对基础设施、战略性新兴产业、新兴消费品（信息消费、文化消费、旅游消费、养老消费、健康消费等）以及民生领域的投资。

从区域角度：随着"一带一路"、京津冀协同发展、长江经济带建设三大国家战略的推进，中国银行会支持京津冀、长三角、粤港澳等战略地区的发展。

中国银行运用商业银行综合化经营的优势，帮助企业转型升级，提供高端产品，搭建不同的平台，借助于各种金融市场工具和手段为企业提供多种服务，提升中国银行的服务的能力。"三去一降一补"与全球经济是分不开的，在中国产能的全球再布局的国家战略下，还要提升对全球的服务能力。此外，随着线上线下零售企业的数量增加，还要通过研发各种产品去应对网络金融的冲击。

中国进出口银行战略规划部课题组：当前，我国经济下行压力加大，实体经济困难增多，同时面临着深刻的结构性变化。中国进出口银行将遵照中央提出的五大发展理念，通过提供更具针对性和适应性的政策性金融服务，发挥政策性银行逆周期调节和先导性介入的特定作用应对冲击和挑战。

首先，积极落实国家战略，加大支持实体经济力度。围绕经济结构调整、转型升级、科技创新、绿色发展，通过加大对外贸、"走出去"等领域的支持力度，着力支持打造现代产业体系，推动"中国制造2025""互联网+"等战略深入落实，支持新兴产业加快发展和传统产业优化升级，支持一批重大科技项目和技改工程实施。培育业务新增长点，打造业务增长的新平台，发展信贷、投资、租赁、中间业务等协同推进的新模式，拓展业务空间，提升发展潜力。

其次，加大风险防控力度，调整信贷结构，优化资产质量。一是明确不良贷款控制目标，层层分解任务，落实经营单位"一把手"责任制，加大清收力度，"一户一策"、总分联动推进风险化解；二是调整行业和客户结构，通过动态名单制管理、限额管理等措施，加强行业管理，并重点选择公司治理机制相对好的、信息透明对称的、行业领先的客户，从而提升风控水平；三是以信用风险为重点推进全面风险管理，改进客户评级，优化授信管理。

最后，提高管理的专业化、精细化水平，在规模、质量和效益间实现更好平衡。一是要稳步推进资本管理，健全资本约束下的运营机制，试行经济资本配置管理；二是要着力加强资产管理，进一步完善内部资金转移定价机制；三是要大力强化负债管理，加强对利率走势的分析研判，合理确定发债时机、品种和期限，多途径筹措低成本外币资金，提高外币贷款竞争力和效益；四是全力推进以客户为中心的服务管理体系建设，打造全方位政策性金融综合服务体系，提高综合服务水平。

课题组：贵行将采取哪些措施来积极推动"三去"，支持我国供给侧改革，您预计"三去"进程将持续多长时间方能取得较为满意的成效？

宗良（中国银行）：在推动供给侧改革过程中，对于商业银行来说是挑战与机遇并存，中国银行实施了相关措施以抓住这些机遇。具体措施：一是提高金融服务实体经济效率。供给侧改革的重要内涵就是要改善供给体系的质量和效率，通过提高全要素生产率来促进经济增长。"三去一降一补"和"十三五"规划纲要中提出的2016年要提高金融服务实体经济的效率有异曲同工之处。银行业要积极融入产业结构升级、消费升级和机制转换的大趋势中，拓宽服务实体经济的渠道，提高服务实体经济的效率。二是转变传统金融观念，加大对中小企业的扶持。中国银行业应当转变重视大企业、重视大项目的信贷

和授信的传统金融观念，加大对中小型企业的扶持，实现供给和需求的基本平衡。三是在"补短板"方面，可以从以下几个方面着手：首先，在结算和融资等方面对"双创"企业提供综合经营服务。其次，利用互联网金融提升效率，提高对地域、行业的金融供给和金融服务的匹配程度。再次，利用绿色信贷、证券、保险等，大力发展绿色金融。自2015年以来，绿色债券的发行规模逐步扩大，绿色金融为商业银行提供了重要的业务机遇。最后，落实普惠金融战略，增加对小企业的信贷供给。从去年出台的支持发展普惠金融的政策来看，普惠金融的客户群体得到进一步拓宽，这是商业银行非常大的业务蓝海。同时，也要处理好商业银行与服务业之间的关系。四是加强服务模式和金融产品创新，设计适合行业特点、企业特质的经营方案。五是结合商业事业部制改革的特点，推动银行经营体制改革。六是拓宽视野，与国际银行接轨，做大做强，提高现代化的竞争能力，提高银行业自身"走出去"的能力，提高支持企业"走出去"的能力，中国银行在这方面引领了中国银行业的走向。

从2015年底供给侧改革进一步推动到目前为止，上半年主要数据显示，供给侧改革，取得一定的成效。一方面为下一步顺利推动供给侧改革传达了一个好的信息，另一方面为以后继续推动政策实施提供了基础。

中国进出口银行战略规划部课题组：当前，中国进出口银行以推动经济结构调整和提质增效升级为重点，围绕供给侧结构性改革，积极支持"三去一降一补"五大任务。"去产能"方面，进出口银行严格限制对产能严重过剩行业新增贷

款，积极支持企业通过兼并重组、转型转产、技术改造、"走出去"等方式化解过剩产能，严控增量与优化存量相结合，以钢铁、煤炭等行业为重点，对环保、能耗、质量、安全、技术等方面不符合法律法规、产业政策和相关标准的产能过剩企业和项目，坚决压缩、有序退出。截至2016年6月末，进出口银行去产能领域贷款余额1829亿元，仅占全部贷款余额的7.93%，较年初下降0.2个百分点，钢铁行业集中度也由2015年初的5.28%下降至3.89%。

"去杠杆"方面，一是进出口银行立足部分企业经营重点已由赚利润转向保运转、防资金断裂的特征，协助企业通过收缩业务、削减提款需求等方式主动"去杠杆"；二是严格执行企业在资本比例上的规定，守住风险底线。对资产负债率高于70%的企业提供金融支持时密切关注，对资产负债率高于80%的企业则严格把关。

"降成本"方面，进出口银行坚持减费让利，降低企业融资成本。一是加大贷款优惠度。2016年6月末，进出口银行表内人民币贷款加权平均利率为3.87%（平均期限为8.02年），较上年同期下降77BPs，较目前五年以上人民币贷款基准利率（4.90%）低了103BPs。二是清理和规范服务收费。涉企收费项目从147项减至107项，精简归并取消收费项目40项，超过现行收费项目的四分之一。对小微企业免收贷款管理费、承诺费、咨询顾问费、资信证明等贷款利息之外的一切费用。

"补短板"方面，进出口银行加大对薄弱环节支持力度。积极推动企业转型升级，扶持绿色经济、文化产业、现代农业发展，转型升级贷款、节能环保贷款、服务贸易贷款等创新业务品种继续保持较快增速。聚焦"中国制造2025"战略，大力支持集成电路、生物医药、新材料等战略性新兴产业提升品牌、质量、技术水平，以龙头企业为抓手，推动机床、通信设备等装备制造和传统制造业转型升级。2016年上半年，签约"中国制造2025"项目225个，贷款1020亿元，同比增长19%。截至2016年6月末，"中国制造2025"贷款余额5311亿元，比年初增加506亿元。

"三去"既是我国当前供给侧结构性改革亟须推进的重点任务，也是"十三五"时期的重点工作之一。"去产能"方面，2016年2月初，国务院公布了煤炭、钢铁化解过剩产能实现脱困发展指导意见，提出从2016年开始用3至5年的时间，退出煤炭产能5亿吨左右、减量重组5亿吨左右，而粗钢的去产能目标则是5年压减1亿至1.5亿吨。然而，截至2016年7月末，超过10个省份化解钢铁过剩产能工作尚未实质性启动，河北、辽宁等8个省份工作进度仅在10%~35%之间；全国各地累计退出煤炭产能9500多万吨，仅完成全年任务量的38%。"去产能"任务仍然艰巨，未来3~5年仍将持续作为重点工作推进。在"去杠杆"方面，企业去杠杆是一个长期的过程。研究表明，"去杠杆"在开始的前2~3年往往对经济产生负面影响，随后会逐渐反弹，只有经济较好复苏，企业盈利明显上升，企业将部分盈利用于偿还债务，杠杆率才会逐步下降。从国际经验来看，"去杠杆"一般要经历6~7年甚至更长时间。

第二部分
发展战略

随着中国金融业综合改革的加快推进，中国银行业顺应经济金融发展趋势，认真落实宏观调控、宏观审慎管理和金融风险防范化解等工作，在化解不良资产风险、低利差环境、互联网挑战等方面不断进行战略调整，并不断提高银行发展战略的前瞻性、针对性和有效性。

一、资产质量承压成为银行业最大挑战

根据本次调查数据，"资产质量承压，风险管控难度增大"（89.6%）被认为是中国银行业发展会面临的最大挑战。"利率和汇率市场化挑战银行盈利能力"（83.3%）和"互联网金融分流银行存贷汇传统优势业务"（69.2%）也受到银行家的普遍关注。"监管日益严格，考验资本约束压力"（31.7%）和"法制建设难以满足银行业发展需求"（26.1%）则相对靠后。

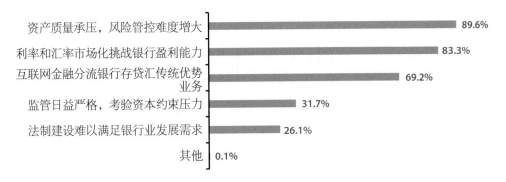

图2-1　未来几年中国银行业发展会面临的障碍和挑战

随着宏观经济增速有所放缓，企业经营压力普遍增大，偿付能力下降，使得银行系统不良贷款余额和不良贷款率均有所提升，银行经营压力明显增加，受访银行家把"不良贷款持续双升"（87.0%）放在当前面临较大压力的首要位置。此外，银行家也给予了"资本充足状况面临较大压力"（50.4%）和"中国进入低利率时代"（50.0%）相当的重视。

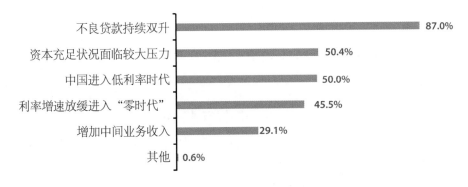

图2-2　2016年银行业面临较大压力的方面

二、理性看待西方评级，积极面对不利因素

自2016年3月以来，已经有16家中资银行被国际评级机构下调了评级展望，1家银行评级遭遇降级。此次调查中，约有四成银行家的态度是"认同，西方评级机构客观评价了中国银行体系风险不断上升的现状"（41.8%），而接近六成的银行家的态度则是"不认同，西方评级机构对中国银行业经营改革成果和应对风险能力存在低估"（58.2%），这显示出银行家们同西方机构的看法有着较大的差异。

图2-3　对西方评级机构下调我国多家银行评级展望的看法

在促使西方评级机构下调我国多家银行评级展望的不利因素的调查中，"宏观经济增速放缓使银行业贷款不良率上升"（84.0%）成为银行家心中最大的不利因素。而"高企且不断上升的杠杆率使银行业资产质量更加脆弱"（61.9%）则紧随其后。

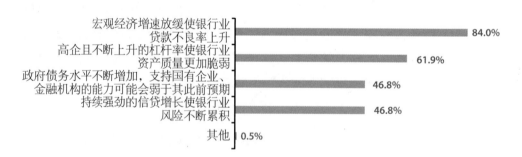

图2-4　促使西方评级机构下调我国多家银行评级展望的不利因素

而在对"哪些客观事实可促进中国银行业持续健康发展"进行调查时，接近七成的银行家选择了"政府推动改革的决心非常坚定"（68.7%），同时"中国经济基本面逐步企稳"（67.1%）和"中国银行业风控意识和能力不断增强"（63.4%）也备受关注。

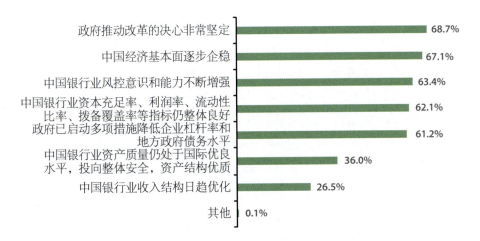

政府推动改革的决心非常坚定　　　　　　　　　　　　68.7%

中国经济基本面逐步企稳　　　　　　　　　　　　67.1%

中国银行业风控意识和能力不断增强　　　　　　63.4%

中国银行业资本充足率、利润率、流动性
比率、拨备覆盖率等指标仍整体良好　　　　62.1%

政府已启动多项措施降低企业杠杆率和
地方政府债务水平　　　　61.2%

中国银行业资产质量仍处于国际优良
水平，投向整体安全，资产结构优质　　36.0%

中国银行业收入结构日趋优化　　26.5%

其他　0.1%

图2-5　可促进中国银行业持续健康发展的客观事实

三、差异化发展成为银行家应对挑战的首选措施

面对宏观经济环境和微观经营环境的挑战和障碍，银行家有着不同的对策倾向。调查显示，银行家的首选对策是"合理定位，特色化、差异化发展"（78.3%），其次是"持续提升业务创新能力"（67.9%）。银行家们优先选择特色化差异化竞争策略，表明银行家已开始着重审视自身业务特点，不断优化银行资本结构，逐步摆脱过往的同质化竞争模式。

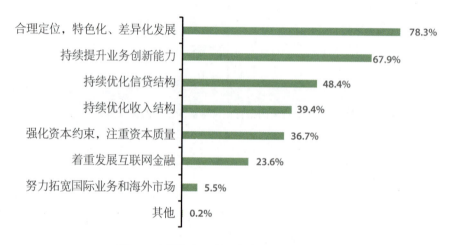

图2-6　中国银行业针对挑战应采取的对策

银行业的健康发展离不开监管政策的支持。为了更好地应对挑战，银行家亦期望监管部门能够给予有力的政策支持，不断优化银行监管制度。本次调查数据显示"完善银行法规制度体系"（70.2%）是银行家最希望监管部门采取的措施。其次"持续改进风险监管技术"（69.1%）和"推进监管组织架构改革"（63.9%）也得到较多的选择。

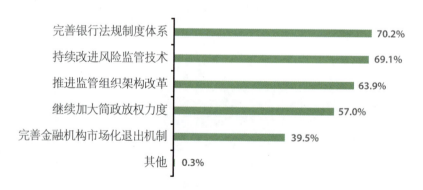

图2-7　监管层针对挑战应采取的措施

四、各类银行改革需"量体裁衣"

随着中国经济步入新常态，我国银行业面临的内外部环境也同时发生着深刻变化，由此银行业也需要分类进行深化改革。

对于大型国有商业银行来说，混合所有制改革是进一步优化股权结构，完善公司治理机制的重要举措。调查数据显示，"完善银行的公司治理机制"（65.2%）是大型国有商业银行混合所有制改革的主要目标，使银行更有能力面对外部挑战；而"引入多元化资本，优化股权结构"（63.6%）也以较高的比例位列其后，有利于激发银行业的内部发展活力；同时"引入管理科学、决策自主的市场化经营制度"（44.9%）也成为银行家们心目中的重要目标。

图2-8　大型国有商业银行混合所有制改革的目标

在政策性银行改革方面，从调查数据来看，"建立规范的治理结构"（60.3%）是其改制过程中最需要注意的问题，在坚持开发性和政策性职能定位的前提下，应形成董事会等相对独立制衡的运作和决策机制，落实董事会选人用人、考核奖惩和薪酬分配权；"界定业务边界"（55.2%）、"明确和强化资本约束机制"（46.7%）的选项紧随其后，凸显出政策性银行惯有的模糊的业务边界和资本约束问题亟待改善。

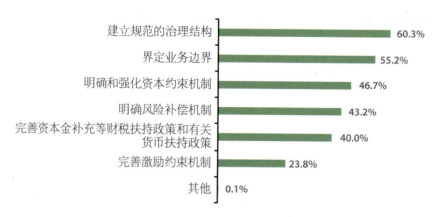

建立规范的治理结构   60.3%
界定业务边界   55.2%
明确和强化资本约束机制   46.7%
明确风险补偿机制   43.2%
完善资本金补充等财税扶持政策和有关货币扶持政策   40.0%
完善激励约束机制   23.8%
其他   0.1%

图2-9 政策性银行改革转型需要关注的方面

作为国家支持"三农"的重要金融力量，农村信用社原有体制和经营模式早已不能适应农村金融服务的需要，改革成为必然要求。"防范和管控各类潜在风险"（70.9%）和"提升银行经营管理能力"（59.7%）被认为是农村信用社改革进程中最需要关注的问题，宏观经济下行使得农村信用社的不良风险不断暴露，经营能力也未有显著提高；"稳妥处理银行历史挂账"（57.8%）和"明确信用社与当地政府的权责范围"（56.9%）则居次位，显示出农村信用社改革进程中最主要的工作是银行核心能力的建设和经营环境的规范。

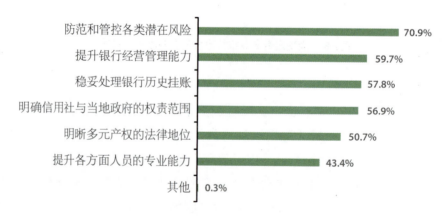

防范和管控各类潜在风险   70.9%
提升银行经营管理能力   59.7%
稳妥处理银行历史挂账   57.8%
明确信用社与当地政府的权责范围   56.9%
明晰多元产权的法律地位   50.7%
提升各方面人员的专业能力   43.4%
其他   0.3%

图2-10 农村信用社改制过程中需要关注的问题

五、银行退出机制仍待全面完善

银行退出机制有助于帮助政府破除背书担保压力，推动银行适应市场规律，帮助储户培养风险意识，建设可持续发展的约束体系。当前建立健全银行退出机制已不可回避。

此次调查中，超过七成银行家认为完善银行退出机制最关键的是要"健全银行退出机制相关法律"（75.1%）。其次"建立银行退出的风险预警机制"（70.7%）和"设立公开透明的银行退出处理程序"（60.7%）也受到银行家们的重视。此外，"建立投资者和金融消费者保护机制"（59.6%）、"明确银行退出的启动标准"（54.0%）等也不容忽视，说明银行家认为在银行退出机制的各个方面都还有较大改进空间。

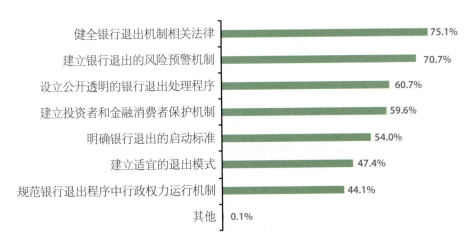

图2-11 完善银行退出机制最需予以加强的方面

六、海外发展需加强关注境外运营风险

中国银行业开拓海外业务由来已久，随着越来越多的中国企业"走出去"和人民币国际化的不断加速，中国银行业海外业务迎来了更为广阔的机会。

此次调查中，接近八成的银行家认为"服务'一带一路'、亚太自由贸易区建设等国家战略"（78.6%）拓展了亚洲同欧洲和非洲的联系，扩大了人民币跨境结算范围，整合了海外零散市场，联结全球服务网络，是中国银行业进行海外发展的首要关注点。"服务中资企业'走出去'"（64.1%）国家战略位居第二。"提升全球竞争能力以及品牌价值"（59.6%）及"国际化专业人才培育与建设"（56.4%）也广受关注。这表明，中国银行业的海外发展，不仅是追随国家经济发展战略，也非常关注自身品牌、人才队伍等各方面的建设和提升。

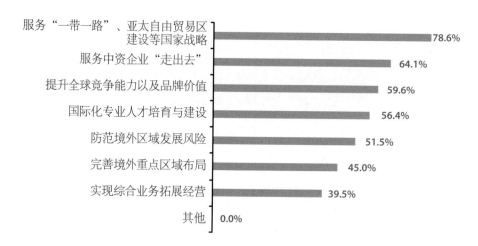

图2-12 中国银行业进行海外发展要重点关注的方面

中国银行业海外业务在快速发展的同时也面对着诸多挑战和风险。此次调查中，七成银行家认为"加强海外政治经济风险识别判断"（71.5%）和"强化内控合规管理"（71.4%）是中国银行业国际化进程中最需要防范的境外运营风险。其次，"加强企业全球统一授信管理"（57.9%）也受到银行业的关注。这表明，中国银行业的海外发展，既要提升外部地缘政治和热点地区风险识别能力，加强与海外监管机构沟通协调；又要强化内部合规管控，尤其要重视反洗钱工作。

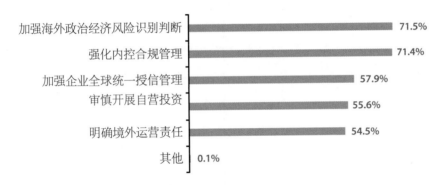

图2-13　银行业国际化中防范境外运营风险最关键的方面

七、提升风控能力重新成为各类银行发展战略重点

面对当前宏微观环境的严峻挑战，银行业发展战略的调整显得尤为重要。

本次调查数据显示，"全面提升风险管控能力"（61.4%）是银行家发展战略的首要选择，"实施差异化竞争"（50.8%）和"全方位提升资产负债管理能力"（47.9%）紧随其后。

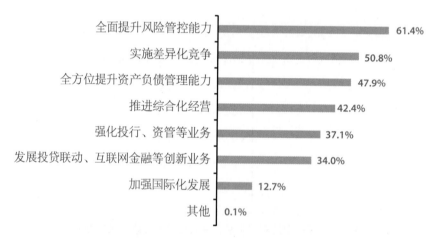

图2-14　2016年银行战略重点

对比2010年至2016年的调查数据可以看到，7年以来"全面提升风险管控能力"（61.4%）一直是中国银行业的经营核心和战略重点，表明在面临当前经济下行压力的背景下，风险管理能力仍是各家银行首要的关注重点。"实施差异化竞争"（50.8%）依然成为目前中国银行业战略关注热点，反映出随着银行业的不断发展和成熟，摆脱同质化竞争依然亟待推进。此外，"全方位提升资产负债管理能力"（47.9%）首次成为银行家关注的战略重点之一。这三个选项表明当下银行家对银行"三性"的权衡：着力提升风险管控能力意味着银行家优先关注银行的安全性，守住系统性风险底线；而盈利性和流动性则相对次之，在通过差异化竞争提升银行盈利性的同时，银行

家也致力于提升资产负债管理水平，优化银行的流动性。此外，值得一提的是，"发展投贷联动、互联网金融等创新业务"（34.0%）对比上年也略有上升。这反映出银行家对互联网金融、投联贷等创新业务持有热情，正积极探索各种创新发展机遇。

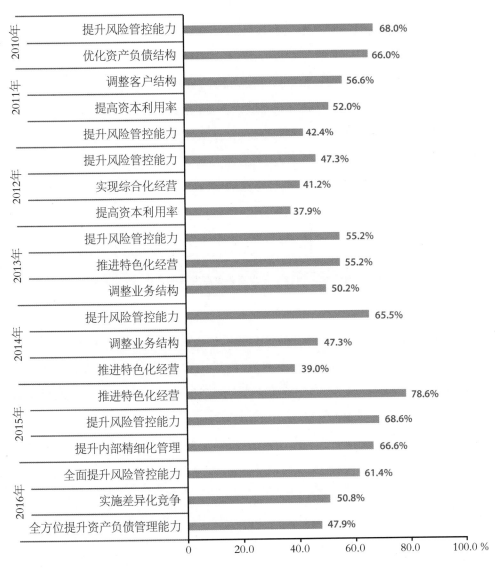

图2-15 2010—2016年银行战略重点的变化

同时本次报告就各类银行对客户群的选择进行了调查。调查数据显示，"高净值个人客户"（69.2%）、"小微企业客户"（65.2%）延续前两年的趋势，依旧被银行业所重视。"政府客户"（53.1%）替代"中型企业客户"成为第三受关注的客户。究其原因，可能是由于经济下行期，中型企业客户收益不变，但风险显著提高，因此商业银行选择"用脚投票"，纷纷放弃中型企业客户。

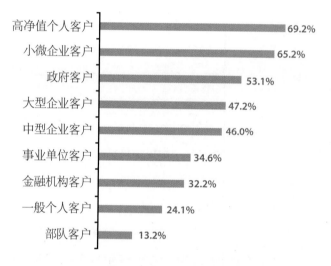

图2-16　银行下一步需要重点发展的客户

　　具体到不同类型的银行，2016年对于重点客户的选择也与往年存在差别。大型商业银行更加侧重于"高净值个人客户"（78.4%）、"大型企业客户"（66.0%）和"政府客户"（62.3%）；农村中小金融机构以"小微企业客户"（90.6%）、"高净值个人客户"（61.7%）和"政府客户"（43.0%）为重点发展对象；外资银行则更加看重"中型企业客户"（65.5%）、"高净值个人客户"（55.2%）以及"金融机构客户"（55.2%）。这体现出不同类型银行在客户群定位上的不同差异。

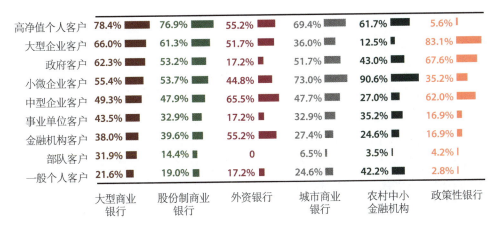

	大型商业银行	股份制商业银行	外资银行	城市商业银行	农村中小金融机构	政策性银行
高净值个人客户	78.4%	76.9%	55.2%	69.4%	61.7%	5.6%
大型企业客户	66.0%	61.3%	51.7%	36.0%	12.5%	83.1%
政府客户	62.3%	53.2%	17.2%	51.7%	43.0%	67.6%
小微企业客户	55.4%	53.7%	44.8%	73.0%	90.6%	35.2%
中型企业客户	49.3%	47.9%	65.5%	47.7%	27.0%	62.0%
事业单位客户	43.5%	32.9%	17.2%	32.9%	35.2%	16.9%
金融机构客户	38.0%	39.6%	55.2%	27.4%	24.6%	16.9%
部队客户	31.9%	14.4%	0	6.5%	3.5%	4.2%
一般个人客户	21.6%	19.0%	17.2%	24.6%	42.2%	2.8%

图2-17　2016年各类银行下一步需要重点发展的客户

随着不同地区经济发展状况的分化，银行家对不同区域发展布局的侧重点也在2016年发生了明显的改变。在2015年，七成多的银行家将"经济发达地区的三线、四线城市"（73.2%）看做是下一步发展的重点地区，而在2016年该项数据已大幅萎缩至58.0%；而"经济发达地区的一线、二线城市"（53.1%）的关注度则连续三年上升；与此同时"欠发达地区中心城市"（46.7%）和"县域和小城镇"（28.9%）呈小幅下降；而"农村"（23.3%）数据则依然维持较低水平。这表明银行家对一线、二线城市的经济前景更为看好，而认为三线、四线城市经济前景难以乐观。

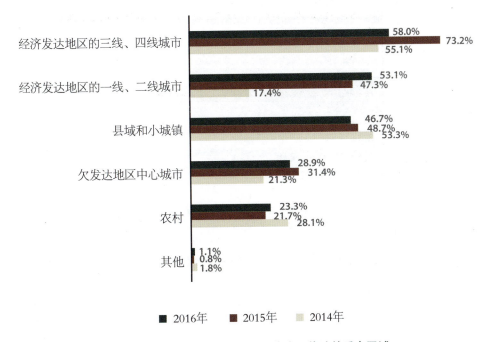

图2-18　2014—2016年银行下一步发展战略的重点区域

具体到不同类型银行，其地区布局也存在差异。"经济发达地区的一线、二线城市"是外资银行（93.1%）、股份制商业银行（72.9%）、大型商业银行（67.0%）首要发展区域，这是由外资企业、大型企业、行业龙头企业在一线、二线城市的集聚效应所决定的。"经济发达地区的三线、四线城市"则是城市商业银行（65.2%）、股份制商业银行（64.4%）的重点关注区域，也体现出城市商业银行对三线、四线城市的经济具有重要影响。"欠发达地区中心城市"是大型商业银行（34.0%）和政策性银行及国家开发银行（33.8%）的工作重点，显示出国家对欠发达地区的金融政策倾斜。"县域和小城镇"则是农村中小金融机构（87.5%）和大型商业银行（61.7%）的着力方向，显示出新型城镇化、农民工市民化等战略除了依靠本地的农村金融力量外，也需要大型商业银行的政策倾斜。此外，农村地区也是农村中小金融机构（77.0%）的主要工作方向。

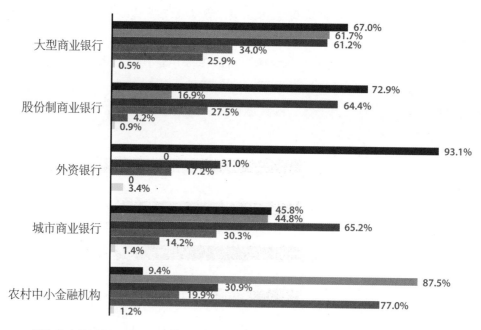

图2-19 各类银行下一步发展战略的重点区域

国家开发银行课题组、中国工商银行首席风险官王百荣、招商银行行长田惠宇、深圳农村商业银行行长袁捷谈经济下行期银行业的经营之策

课题组：您认为，在经济下行期，贵行面临的最大的经营困境是什么？

国家开发银行课题组：第一，经济下行期，需要开发银行加大支持力度，发挥好在补短板、调结构、培育新动能等方面的积极作用，而开发银行信贷资产增长与资本补充渠道有限的矛盾凸显，平衡好发展、风险、效益关系的难度进一步加大。第二，银行业利差持续收窄，盈利能力面临政策导向和市场竞争双重压力。第三，各种风险暴露可能性进一步加大，股市、债市、房市、汇市、信贷等各市场间相互联动并传染的风险增大。

王百荣（中国工商银行）：经济决定金融，在经济下行期，商业银行经营发展面临多方面的压力和挑战：资产质量持续承压，信贷成本居高不下；利率市场化改革影响持续，银行业利差持续收窄；经济活动活跃度下降，中间业务收入增收难度加大；费用投入不足，效率仍有待提升；资本监管持续强化，规模扩张盈利模式受到挑战；国际经营环境错综复杂，海外及控股机构增长乏力；新金融业态兴起，支付脱媒和金融脱媒趋势明显；等等。总体来看，商业银行经营发展面临较为严峻的外部环境和激烈的市场竞争态势。

田惠宇（招商银行）：商业银行包括招行正面临着多重挑战的叠加，总结起来就是"四期叠加"。

第一，经济下行期，银行经营难度和风险不断加大。资产经营的风险管理内容更加复杂，商业银行资产质量面临多重传染风险，日趋严格的金融监管将提升银行的风险管控压力。

第二，金融脱媒加速期，社会融资结构显著变化，严重挤压银行生存空间。首先，企业直接融资能力增强，地方政府债务置换进程加快，政府引导基金规模扩大；股权融资市场发展迅速。其次，互联网巨头纷纷布局消费金融，银行的产品议价能力、风险控制权不断削弱。

第三，利率市场化深化期，考验商业银行生存能力和拓展能力。存贷款利率变动频繁且可预见性差，利率波动的频率和幅度大幅提高；利差收窄和利润增长双重压力下，银行或将提高风险偏好或"以量补价"；吸储价格战、利率大幅变动等均会加大银行资金的不稳定程度。

第四，互联网金融变革突进期，或将彻底改变银行业经营理念、运作方式和财务结果。在产品端，从支付业务打开缺口，拓展到贷款、理财

等传统银行业务，全面入侵银行业。在客户端，从普通客户开始，逐步吸引银行各层级客户。

袁捷（深圳农村商业银行）：

第一，需求不旺。 深圳农村商业银行的信贷资产在全部资产中所占比重较大，贷款难对银行经营影响也比较大。这两年从宏观经济形势看，增速在放缓，深圳虽然比较平稳，本地的小环境不错，转型也很成功，但从数据来看，确实呈现出了贷款需求不旺的现象，深圳农村商业银行今年上半年贷款增速6.7%，下降幅度较大。

第二，利差缩窄。 一方面是贷款利率，围绕减轻企业负担，对贷款利率限制非常严格，监管检查也较为严格；另一方面，居民个人对资金收益的要求越来越高，要么做理财，要么存款利率高一点。深圳财政体制改革后实现统一归集分存，利率也要求达到上浮40%，同时还需国债质押。存款利率上升，贷款利率下降，像我们这种真正靠利差收入为主的银行，确实是比较困难的。

第三，类金融机构竞争。 近年来，以互联网金融为主体的类金融机构发展很快，加上现在大力发展的小额信贷公司、消费公司、租赁公司等等，类金融机构的量越来越大。从整个市场的金融需求来说是此消彼长的，这方面贷款多了，传统银行相对就比较少了。另外，这一块的监管相对还是比较失控，因此银行业事实上面临着一个不公平竞争的环境。

课题组： 为应对以上困境，贵行有何战略调整？具体采取了什么措施？

国家开发银行课题组： 为应对以上困难，开发银行继续深化改革创新，加快推进投融资模式和金融服务创新，优化业务布局，聚焦国家战略的重点领域、薄弱环节和关键时期精准发力、持续发力，进一步强化集团优势，发挥综合金融协调作用，加强风险管控，坚守风险底线。

王百荣（中国工商银行）： 工行积极采取应对措施，具体包括：

第一，严控资产质量。 一是坚定不移地推进信贷经营转型，降低信贷资产在全行资产中的比重，继续推进"大数据"技术在信用风险监控领域的应用。二是统筹贷款增量与存量移位并轨管理，提高信贷资源向重点领域倾斜力度和整体配置效益。三是强化政策制度驱动力，加快拓展优质信贷市场，培育新的信贷增长点。四是加强风险管理，严防系统性区域性风险。

第二，努力抓好定价管理工作。 一是突出加强存款利率上浮的精细化管理和各类存款的标准化考核存款转化，推动存款总量、结构、成本更好地平衡。二是合理平衡期限错配的流动性与效益要求，适当加大中长期、高收益资产运作力度，提高资金运营收益。三是更加关注集团外汇流动性风险，促进外汇资产负债协调发展。

第三，坚定不移推动中间业务发展战略。 充分利用在客户资源和渠道方面的优势，确保代销类业务收入稳步增长；通过改进服务，吸引更多的客户"以量补价"；加大金融创新，产品创新升级，找新的盈利增长点。

第四，保持适当的投入力度，进一步提高投入产出效率。 一方面，稳定员工费用投入，确保员工队伍稳定，避免核心和优秀人才流失现象进一步加剧；另一方面，加大清理低效和无效投入，适度加大对业务发展类费用投入力度。

第五，持续推进商业银行经营转型，努力降低资本占用。一是合理平衡资本占用、实际风险和收益之间的关系，优先发展信用等级高、抵押担保可靠、资本占用低的信贷资产。二是大力发展财务管理、资产管理、托管、投行顾问等低资本消耗的业务，积极推进综合化经营步伐。三是积极发展资产证券化业务，盘活存量资产，提高资产的流动性，降低资产的集中度。

第六，积极推进转型发展，努力提高协同效应。境外机构由规模拉动效益增长逐渐向集约化经营转变，由依靠贸易融资、内保外贷的单一经营模式向多元化、本地化、特色化业务模式发展。各综合化子公司将自身行业优势与银行资源紧密结合，深度挖掘与集团的战略协同作用。

田惠宇（招商银行）：经济结构和金融业态变化的共同特征就是由"重"向"轻"，商业银行必须"随之起舞"，早转型则早主动。转型是顺应中国经济结构和金融业态轻型化发展趋势的客观要求。前期已承受"转型之痛"的招商银行虽已抢得了一定先机，但面临着必须运用"轻"思维去深化"二次转型"的挑战。为此，我们提出了以"轻型银行"为方向的深化二次转型新战略，即以"轻型银行"为转型方向，以"一体两翼"为战略定位，继续深化二次转型。

课题组：经济下行期，贵行在资产规模扩张速度上是否有战略调整？未来资产结构的调整方向是什么？行业和客户结构上有什么调整？

国家开发银行课题组：总体来看，经济下行和融资方式转变将放缓国内信贷规模增速，开发银行将发挥中长期投融资主力银行和最大对外投融资合作银行的优势，以服务供给侧结构性改革为主线，聚焦"三去一降一补"五大任务，更好地以开发性金融服务国家战略，实现资产规模稳健增长。

王百荣（中国工商银行）：为适应新常态下经济增长速度、方式、结构和动力等全方位的调整变化，工行在整体资产规模扩张速度上也会有一定的调整，未来的调整方向是将存量贷款与增量贷款两个维度的并重和统筹管理，与供给侧结构性改革和"三去一降一补"结合起来，总体原则是实现数量型管理到质量型管理的转变，把停留在低效行业和企业的资金挪转出来，移位再贷投向具备经济合理性的高效行业和企业，降低部分行业和产能的杠杆水平，保持资产规模的平稳合理增长，更加有效地支持实体经济结构调整和产能升级。

资产规模增速方面，将发展的重点从资产增量和增速向资产存量和质量上转移。资产结构调整方面，创新信贷资产流转与资产证券化产品，优化信贷资产投向、行业和客户结构。行业结构调整方面，将落后行业和产能的信贷存量移位到先进行业和产能上去，关注"互联网+"、物联网、云计算、智能制造、通用航空、锂产业、新能源、现代农业、文化旅游、医疗教育养老等新兴领域；客户结构调整方面，重视补短板、惠民生，关注小微、涉农企业贷款需求，努力发展国际化项目融资产品线，服务"一带一路"建设、国际产能合作和富余产能输出等"走出去"重点领域。

袁捷（深圳农村商业银行）： 我们的战略调整，就是"双转双提升"，在转型的同时，要实现综合能力的提升。"双转"：一是业务领域从服务社区为主向主流行业和社区并举转型，重点服务好深圳高新技术、物流、文化等支柱产业和新能源、节能环保、生物技术等战略性新兴产业。二是社区经济金融服务模式的转型升级，适应社区经济的转型升级，通过综合化服务等手段对接社区经济新的城市更新等金融需求。

"双提升"：一是网点服务功能的提升，特别是通过科技手段实现服务转型：客户经理的掌上电脑实时提醒来访客户，做到主动迎接并提供相应服务。依据大数据，通过后台处理，客户到达，大堂经理就能即时调阅客户的资产负债数据，做到精准营销。加强触发式营销，如客户打印账务流水，可能涉及贷款等多种业务，对于潜在业务，主动提供相关服务咨询。二是综合金融服务功能的提升，对客户的服务要从单一的存贷款服务模式提升至综合金融服务模式上来。我们目前已从客户综合金融服务方案设计入手，着力提升综合金融服务水平，取得了显著的效果。

课题组： 经济下行期，商业银行的资产质量持续承压，贵行的总体资产质量情况如何？对于不良资产的处置上有何新的探索和做法？

王百荣（中国工商银行）： 工行在不良资产处置方面积极探索新的模式，转变思路，将不良资产作为特殊资产进行经营，树立市场化运作理念。

一是积极与外部金融机构合作，例如与信托、券商、基金子公司、保险、私募股权投资机构等外部机构合作，通过安排包括信托计划、券商或基金子公司专项资管投资计划、保险资管计划、私募股权投资基金等载体，引入合格的社会投资资金，参与不良资产处置收购，从而提高工行批量转让不良资产回收率，减少核销损失，降低处置成本。二是借助政府力量开展合作处置。工行与地方政府密切合作，借助政府改善地方金融环境、地方产业升级转型的诉求，利用共同设立专项基金等方式，进行合作处置。充分发挥地方政府在招商引资、提供配套优惠政策、产业转型、资源整合等方面的优势，通过变更抵押物性质、引入战略投资者并购重组等手段，加大清收处置力度，实现不良资产向优质资产的转换，提高清收处置效益。

田惠宇（招商银行）： 2016年，招行不良率在整个银行业中确实排位靠前，但是不良率未必能够代表一个银行风险管理最真实情况，更多的是"不良生成"和"不良处置"后的结果。招行的不良认定比较严格。大概有10%左右的不良贷款，没有逾期对应天数以上，但是我们觉得它已经具备了不良贷款的一些特征，也提前把它确认为不良。因此，招行不良贷款比逾期90天以上贷款比例是1.08，指标在同业内较好。

如何看待不同处置方式可能成为我们现在判断不良率时一个非常重要的角度。

不良处置既可以是清收，也可以是重组，亦可以是转让核销。在经济下行期，正常的不良清收比例是10%~15%；但对于重组，整个公开市场上的信息有待完善；转让是一个渠道宽、模式多、也能做出很多创新的方法；此外，建议更大尺度地让商业银行去做核销，给银行更多的规范性和自主性。

课题组：贵行在经济下行期，对于风险的管控是否更加审慎？具体实施过程中，有什么好的做法和经验？

王百荣（中国工商银行）：在当前新的外部环境下，有必要重新审视信贷理念文化、政策制度、体制机制，更为系统地推动"转变""调整"和"改革"。

第一，转变信贷经营理念。突出强调"24字"，即经济本源、审慎稳健、诚信合规、客户优选、专家治贷、责任落实。

第二，全方位梳理和调整信贷政策制度。新常态下仍然适用、有效的，符合新的信贷战略导向的，认真坚持；不适用、不符合或者存在政策冲突、制度打架的，加紧废止或完善；对于新兴领域存在的制度空白，不失时机地填补。

第三，改革信贷体制机制。建立以"分级营销、差异化经营、分类授权、前中后台责权对称、专家治贷"等为主要特征的信贷管理新体制，以"法人分层、小微专营、零售下沉、网络直营"为主要特征的信贷经营新机制。

课题组：您是否认为，经济下行期对银行的经营来说也是一种机遇？具体体现在哪些方面？应如何抓住下行期的机会，提升银行的整体竞争力？

王百荣（中国工商银行）：工行始终坚持"五个转变"的发展方向：由资产持有大行向资产管理大行、由高资本占用向资本节约型业务、由存贷利差收入为主向多元均衡盈利增长格局、由本土传统商业银行向全球大型综合化金融集团、由银行信息化向信息化银行转变。

第一，改造提升资产负债经营动能，拓宽盈利增长空间。深化资产负债结构调整，构建适应利率市场化环境和全球化发展需要的资产负债管理体系，强化存款的基础作用，巩固工行应有的存款市场地位，加快改变以基准利率为定价基础的传统资产负债管理模式，加紧做好利率定价管理、集团资金管理、外汇流动性管理工作，全面优化资产负债结构，有效管住风险，激发管理效能。同时，通过优化增量、盘活存量，加快资产流转和资产业务转型，逐步使资产体量变轻，使资本占用减少，使存贷利差收益趋于稳定，使投资交易收入大幅增加。

第二，加快信贷结构调整和管理，努力增强服务实体经济的能力。一是坚持"区别对待、有扶有控、不惟大小、不惟城市、不惟行业，只惟优劣"的总体思路，进一步完善企业的分类管理。二是积极促进民间投资。针对民间资本进入意愿较强的教育、医疗、养老等行业，在服务好民营企业的同时，发掘新的业务增长点，医教养行业成为全行现代服务业重要的增长力量。三是进一步加强信贷基础管理，探索新环境、新常态下信贷管理的新路子。加大不良贷款处置方式创新和处置力度，继续利用市场化和常规处置手段，向不良贷款处置要效益。

第三，强化三大引擎拉动作用，打造新的增长极。以新的发展理念不断完善大零售、大资管、大投行"三大战略"，进一步强化各相关业务条线的统筹规划与协同联动，不断增强零售、资管、投行三大引擎拉动转型升级的动能。同时着眼于更多的新领域，开拓发展新空间。

第四，推动国际化与综合化发展上水平。重视发挥集团联动效应，推动国际化综合化经营全面升级、提质增效。完善集团综合化发展的顶层设计，加强子公司与集团的战略协同，既积极支持子公司适应竞争发展的需要，又确保子公司的创新发展特别是并购与投资决策符合集团整体战略布局，成为集团产业链、价值链的有机构成。

第五，深化大数据和信息化战略。工行在客户信息积累和挖掘利用，特别是在运用大数据技术监测和防控风险方面积累了一定经验，下一步将加大客户信息整合力度，推动全行实现营销精准化、审批自动化、监控集中化、产品标准化、流程网络化，有效整合科技创新资源，提高科技优势的转化能力。

田惠宇（招商银行）：我们认为不存在系统性的机遇，但仍然存在不少结构性机遇。

第一，"稳增长"和"走出去"的政策性机遇。"稳增长"背景下的基础设施投资，以及"一带一路"、京津冀协同发展、长江经济带等国家战略所带来的大项目，为资产投放和投行业务提供了政策机遇。"一带一路"的深入推进，人民币国际化进程，中国企业、居民和资本的"走出去"步伐的加快，将推动人民币跨境结算、跨境投融资、跨境资产配置、全球授信、跨境联动、贸易融资等各类跨境金融业务发展空间不断扩大。

第二，供给侧结构性改革的结构性机遇。"三去一降一补"加速了银行信贷资产结构调整的步伐。国企改革加速推动了并购重组、上市、结构化融资、员工持股等业务发展，也为获取国企优质客户、深化合作范围提供了契机。以新产业、新模式、新业态为代表的新经济发展迅速，在高端装备制造、机器人等新经济领域，出现了大量的新市场新客户。

第三，财富增长和消费升级下的业务发展机遇。在人口老龄化与消费主力年轻化趋势下，医药医疗、健康养老、旅游、文化、影视、体育、游戏、教育成为消费升级领域关注的重点，为消费金融、大类资产配置、资产管理、股权投资等业务带来新的市场机遇。

为了抓住这些机遇，我们提出围绕三大主攻方向、直扑两大主战场，来开展资产组织工作：

三大主攻方向：一是全面实施总分两级战略客户经营策略。聚焦优质客户，制定战略客户名单；真正落地"绿色信道"，建立差异化流程；深入洞察客户需求，提供综合服务。二是做大做强消费金融。对外立足场景化提升流量引入能力，重点关注流量损耗率低、漏斗率高、场景化强的获客平台；对内从客群营销、数据分析、流程梳理、风险控制、队伍建设、IT支持、后台管理等多个维度构建批量化、集约化、专业化、安全高效的新型消费金融运营体系。三是优化"两小"业务模式。做企业发展的深度参与者，研究全流程优化和重构"两小"业务体系。

两大主战场是指批发业务的资产组织两大重点投向：一是包括引导基金在内的各类投资基金。与各类基金合作，不仅要实现不被脱媒"脱"掉，而且要成为这个领域的主要参与者甚至主导者。二是以上市公司为主要目标的资本市场业务。围绕上市公司产业链整合、产业升级、传统行业转型，抓住股权质押融资、定向增发、员工持股、并购重组、资产证券化等业务商机。

第三部分
业务发展

　　随着中国银行业各项业务创新的发展，同业竞争日趋激烈，业务重点稳中有变，在国家政策的带动下，城市基础设施业成为信贷支持的首选行业。在公司金融业务中，小微企业贷款、供应链融资、资产证券化受到银行家的广泛重视，资产证券化的重要性稳步攀升。个人消费贷款仍然是个人金融业务的重点，同业业务重点则回归到传统的同业存拆放业务，投行业务与资产管理业务日益成为推动银行业务转型的重点。

一、股份制银行竞争力提升最快，中间业务和表外业务优势明显

在对银行未来三年业务竞争力提升的调查中，大型商业银行和股份制商业银行的各类业务竞争力总体仍然较强。

股份制商业银行经营机制较为灵活，可以充分利用金融改革创新的优势，在资产业务（65.1%）、负债业务（58.2%）、中间业务（78.7%）和表外业务（74.2%）领域较快地提高竞争力，在中国银行业全面领先。大型商业银行是我国长期以来占据主导地位的金融机构，在资产业务（58.4%）、负债业务（50.2%）领域具有比较优势。城市商业银行在各方面较为均衡，竞争力最强的业务为负债业务（42.8%）。外资银行竞争力提升较快的是中间业务（16.3%）和表外业务（16.1%），对传统的资产和负债类业务关注度较低。政策性银行的资产业务竞争力提升较快（18.5%）。而农村金融机构的负债业务竞争力提升快（21.2%），其他几类业务发展较为薄弱。民营银行整体看竞争优势不明显。

从不同业务种类来看，虽然银行家普遍认为股份制商业银行在各个业务领域均有一定竞争优势，但是其竞争优势主要集中于表外业务和中间业务，而大型商业银行的竞争优势主要集中于资产业务和负债业务。调查结果一定程度上显示了大型商业银行与股份制商业银行在不同业务领域的相对竞争优势，同时也表明股份制商业银行在各业务领域强劲的竞争力提升动力。

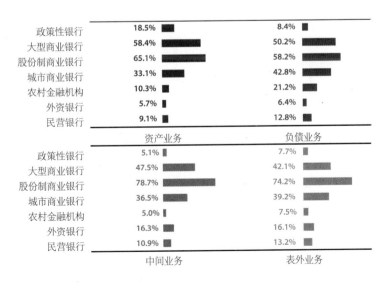

图3-1 预期未来三年业务竞争力提升最快的银行

二、城市基础设施业仍最受信贷青睐，冶金业继续遭冷遇

2016年，城市基础设施业在银行信贷投向的重点支持行业中继续领跑，选择此项的银行家占比达到58.8%，在面临经济下行的环境下，众多实体项目的预期投资回报率下降，同时银行还需面临坏账的风险，而城市基础设施行业往往是具有政府背景的大项目，一方面有财政支持和政府信誉保证，另一方面从长期看运营成本不断下降并具有稳定的现金流，风险相对较低。

医药业、公路铁路运输业、农林牧渔业、信息技术服务业依次位列第二至第五名，但其信贷支持比例较2015年均有较大幅度的下降，与第一位的差距也进一步拉大。对比近三年的调查结果可以发现，商业银行正在根据宏观经济形势及政策环境变化调整信贷结构：第一，农林牧渔业位次变动幅度较大，由2014年的信贷支持首位一度降至2015年的第五位，而后于2016年又上升至第四位；第二，公路铁路运输业位次上升较快，由2014年第九位上升至2016年第三位；第三，房地产业信贷支持比例与位次均大幅度提升，由2015年的第21名跃升至2016年的第12名。

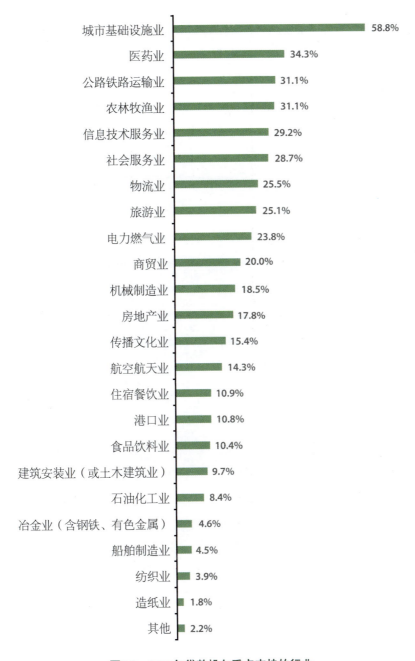

图3-2　2016年贷款投向重点支持的行业

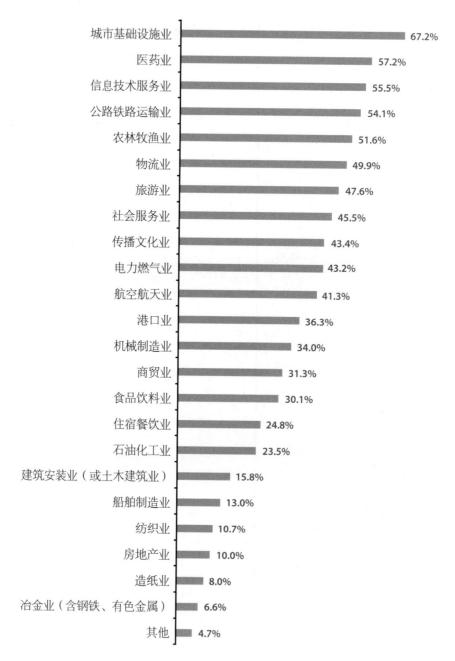

图3-3　2015年贷款投向重点支持的行业

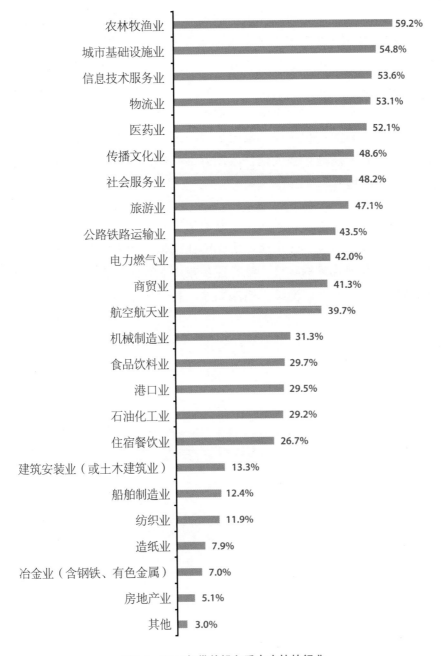

农林牧渔业 ████████████████ 59.2%

城市基础设施业 ███████████████ 54.8%

信息技术服务业 ███████████████ 53.6%

物流业 ██████████████ 53.1%

医药业 ██████████████ 52.1%

传播文化业 █████████████ 48.6%

社会服务业 █████████████ 48.2%

旅游业 █████████████ 47.1%

公路铁路运输业 ████████████ 43.5%

电力燃气业 ████████████ 42.0%

商贸业 ███████████ 41.3%

航空航天业 ███████████ 39.7%

机械制造业 █████████ 31.3%

食品饮料业 ████████ 29.7%

港口业 ████████ 29.5%

石油化工业 ████████ 29.2%

住宿餐饮业 ███████ 26.7%

建筑安装业（或土木建筑业） ████ 13.3%

船舶制造业 ███ 12.4%

纺织业 ███ 11.9%

造纸业 ██ 7.9%

冶金业（含钢铁、有色金属） ██ 7.0%

房地产业 █ 5.1%

其他 █ 3.0%

图3-4　2014年贷款投向重点支持的行业

在银行信贷重点限制的行业中，冶金业（含钢铁、有色金属）继续位居首位，较2015年58.9%的占比又有大幅度提升，占比达到65.2%。对比近三年的调查结果可以发现：选择重点限制房地产业信贷的银行家连续大幅度减少，且与第一位的差距进一步拉大。尽管房地产业仍是银行信贷重点限制行业，但随着近年央行多次降准降息及银行内部流动性增加、部分城市首套房首付比例下调、减免购房契税和营业税等一系列政策出台，我国房地产市场逐步回暖，银行对房地产业的信贷限制逐渐松动，而个人房贷业务也成为了银行业绩增长的推手。

造纸业、船舶制造业、石油化工业依次位列第三至第五名，随着我国降低资源消耗、减少污染、去产能、优化产业结构、转变经济增长方式及发展绿色经济等一系列政策的实施，银行逐步减少对高能耗、高污染、产能过剩行业的信贷投放，冶金、造纸、船舶制造、石油化工等行业持续受到信贷限制。

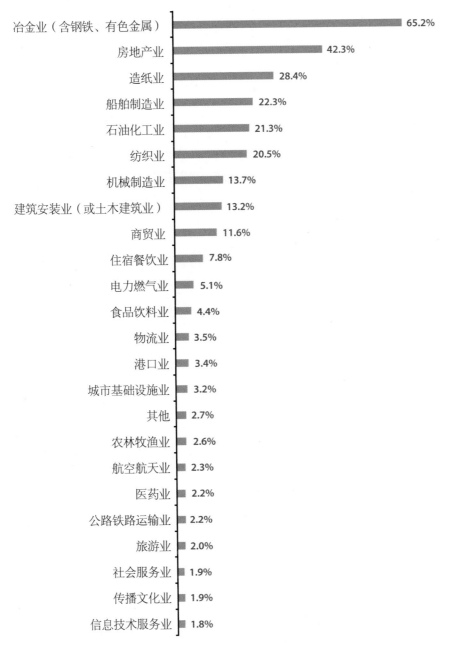

冶金业（含钢铁、有色金属）　　　　　　　　　　　　　　65.2%

房地产业　　　　　　　　　42.3%

造纸业　　　28.4%

船舶制造业　　22.3%

石油化工业　21.3%

纺织业　20.5%

机械制造业　13.7%

建筑安装业（或土木建筑业）　13.2%

商贸业　11.6%

住宿餐饮业　7.8%

电力燃气业　5.1%

食品饮料业　4.4%

物流业　3.5%

港口业　3.4%

城市基础设施业　3.2%

其他　2.7%

农林牧渔业　2.6%

航空航天业　2.3%

医药业　2.2%

公路铁路运输业　2.2%

旅游业　2.0%

社会服务业　1.9%

传播文化业　1.9%

信息技术服务业　1.8%

图3-5　2016年贷款投向重点限制的行业

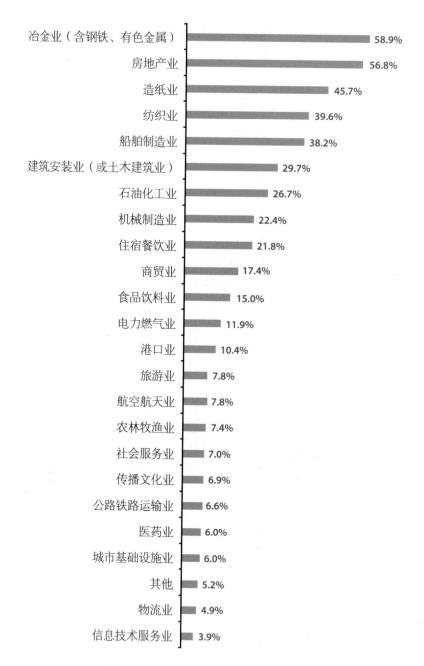

冶金业（含钢铁、有色金属）58.9%
房地产业 56.8%
造纸业 45.7%
纺织业 39.6%
船舶制造业 38.2%
建筑安装业（或土木建筑业） 29.7%
石油化工业 26.7%
机械制造业 22.4%
住宿餐饮业 21.8%
商贸业 17.4%
食品饮料业 15.0%
电力燃气业 11.9%
港口业 10.4%
旅游业 7.8%
航空航天业 7.8%
农林牧渔业 7.4%
社会服务业 7.0%
传播文化业 6.9%
公路铁路运输业 6.6%
医药业 6.0%
城市基础设施业 6.0%
其他 5.2%
物流业 4.9%
信息技术服务业 3.9%

图3-6 2015年贷款投向重点限制的行业

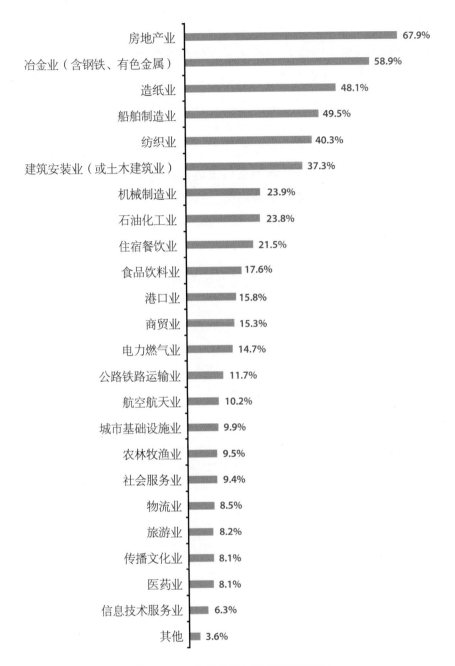

房地产业 67.9%

冶金业（含钢铁、有色金属） 58.9%

造纸业 48.1%

船舶制造业 49.5%

纺织业 40.3%

建筑安装业（或土木建筑业） 37.3%

机械制造业 23.9%

石油化工业 23.8%

住宿餐饮业 21.5%

食品饮料业 17.6%

港口业 15.8%

商贸业 15.3%

电力燃气业 14.7%

公路铁路运输业 11.7%

航空航天业 10.2%

城市基础设施业 9.9%

农林牧渔业 9.5%

社会服务业 9.4%

物流业 8.5%

旅游业 8.2%

传播文化业 8.1%

医药业 8.1%

信息技术服务业 6.3%

其他 3.6%

图3-7 2014年贷款投向重点限制的行业

在2016年银行家认为预期不良率上升行业调查中，冶金业（含钢铁、有色金属）占比47.6%，仍位列银行家认为预期不良上升行业榜首，主要原因在于，国家化解过剩及落后产能、限制高能耗和高污染产业等政策措施使冶金行业面临严重的下行压力。房地产业、商贸业、机械制造业、纺织业依次位列银行家认为预期不良率上升行业第二至第五名。近一年来，不良贷款爆发主要集中于制造业、批发业和零售业等，房地产业不良贷款反弹不明显。随着近年房地产市场尤其是一线城市楼市成交量逐步回暖，银行家对房地产业的信心增加。观察近三年的调查结果，房地产业预期不良率上升占比连续下降，由2014年的48.7%下降至2015年的36.0%，再下降至2016年的33.0%。

图3-8 2016年银行家认为预期不良率上升的行业

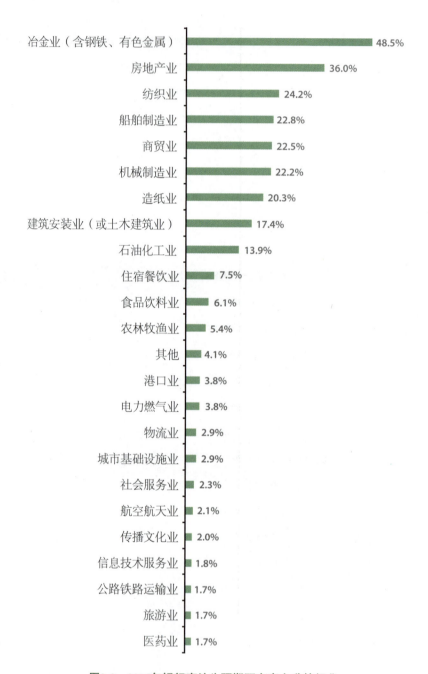

冶金业（含钢铁、有色金属） 48.5%

房地产业 36.0%

纺织业 24.2%

船舶制造业 22.8%

商贸业 22.5%

机械制造业 22.2%

造纸业 20.3%

建筑安装业（或土木建筑业） 17.4%

石油化工业 13.9%

住宿餐饮业 7.5%

食品饮料业 6.1%

农林牧渔业 5.4%

其他 4.1%

港口业 3.8%

电力燃气业 3.8%

物流业 2.9%

城市基础设施业 2.9%

社会服务业 2.3%

航空航天业 2.1%

传播文化业 2.0%

信息技术服务业 1.8%

公路铁路运输业 1.7%

旅游业 1.7%

医药业 1.7%

图3-9 2015年银行家认为预期不良率上升的行业

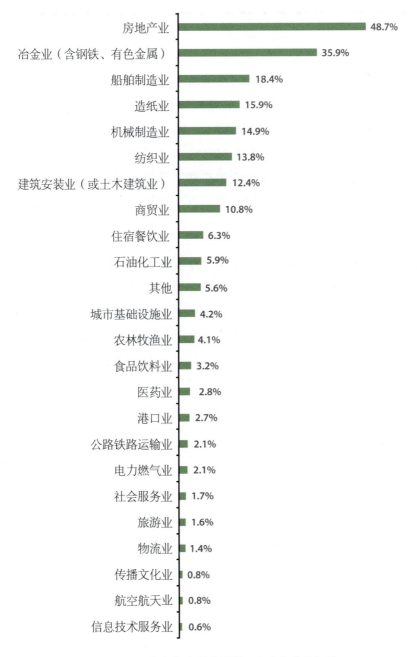

房地产业 48.7%

冶金业（含钢铁、有色金属） 35.9%

船舶制造业 18.4%

造纸业 15.9%

机械制造业 14.9%

纺织业 13.8%

建筑安装业（或土木建筑业） 12.4%

商贸业 10.8%

住宿餐饮业 6.3%

石油化工业 5.9%

其他 5.6%

城市基础设施业 4.2%

农林牧渔业 4.1%

食品饮料业 3.2%

医药业 2.8%

港口业 2.7%

公路铁路运输业 2.1%

电力燃气业 2.1%

社会服务业 1.7%

旅游业 1.6%

物流业 1.4%

传播文化业 0.8%

航空航天业 0.8%

信息技术服务业 0.6%

图3-10 2014年银行家认为预期不良率上升的行业

三、小微信贷仍是公司金融发展的重中之重，集团客户贷款的重要性攀升

近年来，银行业积极支持小微企业发展，不断提升小微企业金融服务工作水平。在银行业未来公司金融业务发展重点的调查中，小微企业贷款连续五年位居首位，2016年紧随其后的是集团客户贷款、项目融资与供应链融资，占比分别为44.8%、39.7%及37.9%。自2012年起，以金融脱媒和利率市场化为背景，银行公司金融战略布局和业务发展的重点转向充分满足小微企业贷款需求。未来，以农村中小金融机构、区域性城市商业银行为代表的各类金融机构将继续采用降低小微贷款门槛、提高放贷审批效率、提高小微企业不良贷款容忍度等方式来发展小微企业贷款。

此外，伴随集团企业的快速发展，挖掘集团客户成为银行公司金融业务发展的重要组成部分，多数银行家将集团客户贷款作为未来拓展业务的另一有效途径，为企业实现综合化、专业化、多元化资金管理做出了积极应对。调查显示，集团客户贷款在公司金融业务中的重要性由2015年的第六位上升至2016年的第二位，受到经济下行期供应链金融面临的风险不确定性，供应链融资、国际结算及贸易融资占比均有所下降，也在一定程度上反映了在供应链金融及贸易融资受到诸多内外因素影响下商业银行对自身风险的重视与防范。

图3-11　2016年公司金融业务发展的重点调查

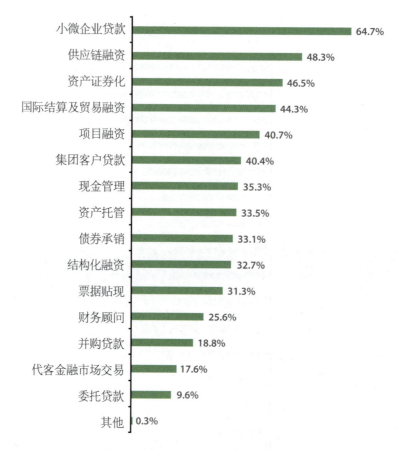

小微企业贷款 64.7%
供应链融资 48.3%
资产证券化 46.5%
国际结算及贸易融资 44.3%
项目融资 40.7%
集团客户贷款 40.4%
现金管理 35.3%
资产托管 33.5%
债券承销 33.1%
结构化融资 32.7%
票据贴现 31.3%
财务顾问 25.6%
并购贷款 18.8%
代客金融市场交易 17.6%
委托贷款 9.6%
其他 0.3%

图3-12　2015年公司金融业务的发展重点

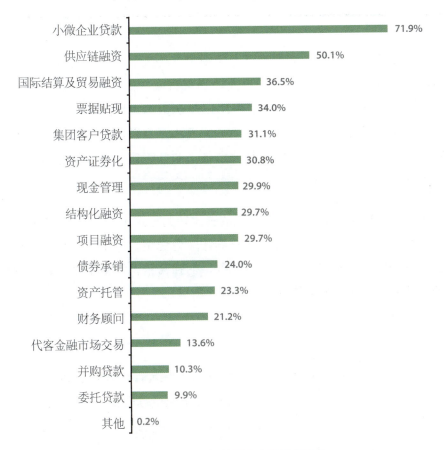

小微企业贷款   71.9%
供应链融资   50.1%
国际结算及贸易融资   36.5%
票据贴现   34.0%
集团客户贷款   31.1%
资产证券化   30.8%
现金管理   29.9%
结构化融资   29.7%
项目融资   29.7%
债券承销   24.0%
资产托管   23.3%
财务顾问   21.2%
代客金融市场交易   13.6%
并购贷款   10.3%
委托贷款   9.9%
其他   0.2%

图3-13   2014年公司金融业务的发展重点

四、个人消费贷款仍是个人金融的发展重点，个人住房按揭的关注度大幅提升

在商业银行个人业务发展重点的调查中，个人消费贷款连续四年成为个人金融业务中最重要的部分，选择此项的银行家占比由2015年的68.7%上升至71.9%，而个人住房按揭贷款则由2015年倒数第二位上升至第二位，成为商业银行重点关注的个人业务之一。一方面由于目前部分城市个人购房需求仍较旺盛，另一方面个人房贷的坏账率低、收益稳定，各家银行接踵而至发力该项业务。

此外，选择信用卡业务的银行家的占比较为稳定（52.6%），主要由于信用卡市场爆发式增长阶段已过，客户群体较为稳定，未来银行将在提升信用卡使用率的同时，提供更多附加值服务，加强营销，注重个性化、差异化服务等，使得信用卡发展模式逐渐向精细化发展。

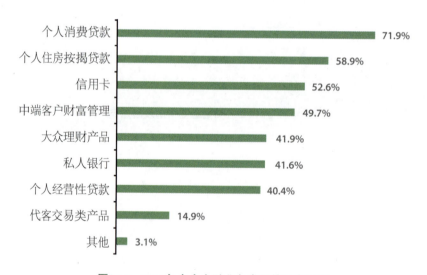

图3-14　2016年个人金融业务发展的重点调查

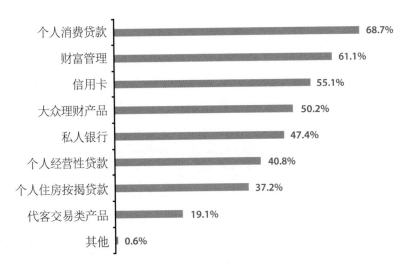

图3-15　2015年个人金融业务发展重点

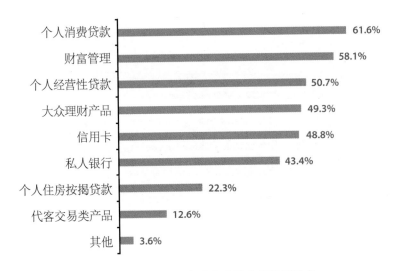

图3-16　2014年个人金融业务发展重点

五、投资银行业务与理财业务稳居银行中间业务发展重点

随着中国金融市场的不断完善以及利率市场化的逐步推进，商业银行依靠传统存贷利差盈利的模式受到挑战，中间业务已成为其重要的盈利增长点及其提升整体竞争力的重要方式之一。在对中间业务收入来源的调查中，投资银行业务收入、理财业务收入稳居商业银行中间业务收入来源前两位，分别占比56.5%与56.1%。

与2015年调查结果相比，商业银行中间业务收入最主要的三个来源保持不变，理财业务收入和结算类业务收入占比较2015年50.2%和42.6%有所提升，反映出在2016年存款竞争压力不断加大的环境下，各类银行纷纷通过开展预期收益率相对较高的理财业务和低风险的结算类业务，以稳定资金来源。

值得关注的是，中间业务收入来源排名最后的贵金属销售收入从2015年的3.1%上升至2016年的12.1%，多家银行的贵金属销售量出现"井喷"。黄金、白银、铂金在银行贵金属销售中占据主流，在国际经济形势多变及人民币贬值的预期下，贵金属逐渐成为投资新贵。

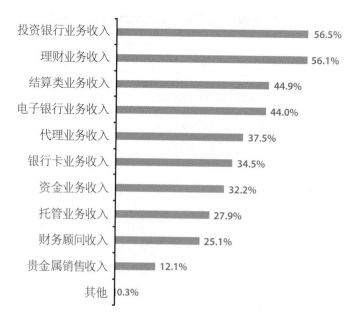

图3-17　2016年中间业务发展重点

投资银行业务收入   56.3%
理财业务收入   50.2%
结算类业务收入   42.6%
电子银行业务收入   35.0%
代理业务收入   26.6%
资金业务收入   26.2%
银行卡业务收入   25.1%
咨询顾问类收入   20.0%
托管业务收入   15.7%
贵金属销售收入   1.7%
其他   0.2%

图3-18   2015年中间业务发展重点

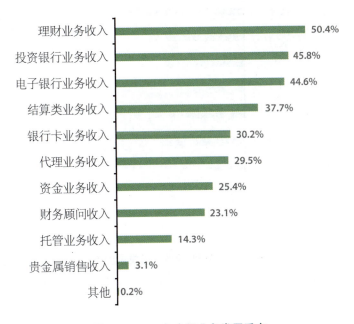

理财业务收入   50.4%
投资银行业务收入   45.8%
电子银行业务收入   44.6%
结算类业务收入   37.7%
银行卡业务收入   30.2%
代理业务收入   29.5%
资金业务收入   25.4%
财务顾问收入   23.1%
托管业务收入   14.3%
贵金属销售收入   3.1%
其他   0.2%

图3-19   2014年中间业务发展重点

六、同业存拆放业务^①仍是同业业务的主要发展方向

同业业务是银行同业之间调剂资金余缺的渠道，也是提高资金运作效率的途径，在经历了前期的快速发展后，目前已进入稳健发展的新阶段。调查显示，传统的同业存拆放业务、票据贴现和转贴现仍是同业业务的主要发展方向，选择这两项的银行家占比分别为65.7%和56.4%，较2015年变化不大。

自2015年起，同业存拆放业务占比超过票据贴现和转贴现位列同业业务收入首位。选择通道类业务作为同业业务发展重点的银行家比例略有下降，由2015年的24.3%下降至2016年的21.7%，金融机构贷款和清算结算业务占比变化不明显，表明商业银行在探索多元化发展，不断创新金融产品和服务的同时，仍将重点定位于传统的同业存拆放业务和票据业务。

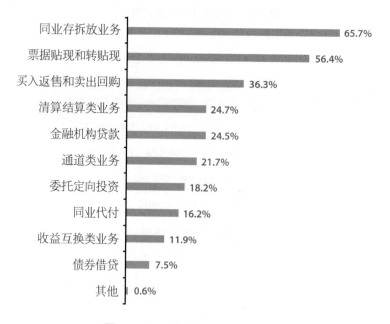

图3-20　2016年同业业务发展重点

---

① 同业存拆放业务，指的是同业存放业务与同业拆借业务。

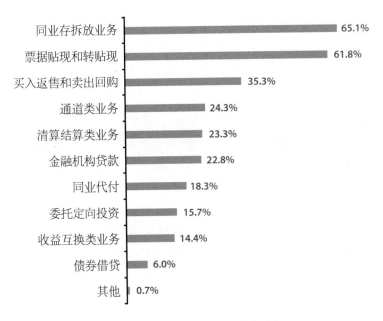

图3-21　2015年同业业务发展重点

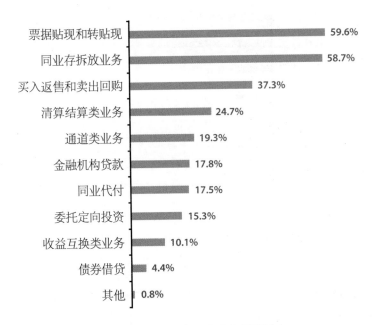

图3-22　2014年同业业务发展重点

七、个人综合消费贷款和个人住房按揭贷款是消费金融业务重点

为适应经济形势、金融环境、客户需求和技术条件的变化，寻找下一个业务增长点，商业银行推进消费金融业务势在必行。调查显示，个人综合消费贷款和个人住房按揭贷款为目前商业银行消费金融业务的两大发展重点，占比分别达75.5%和72.0%。其中个人综合消费贷款可以根据客户需求，由各家银行自主设计产品，满足教育、差旅、装修、购物等全方位金融需求，因而成为目前各大银行重点推行的业务；而个人住房按揭贷款业务的比重上升，一方面可能是受到房价的快速上涨的影响，另一方面可能与银行坏账比例的升高，银行的放贷偏好逐步趋于谨慎有关。

此外，汽车消费贷款（42.1%）、家居装修贷款（31.1%）、教育贷款（18.3%）等多个领域的消费贷款也在进一步探索阶段，未来消费金融业务将有更多业务领域可以挖掘。

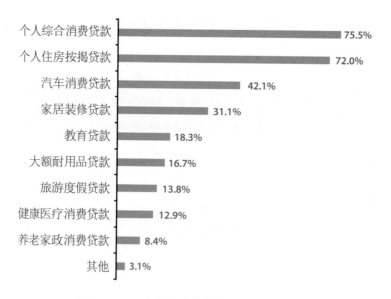

图3-23　2016年银行消费金融业务发展的重点

在对影响商业银行消费金融业务发展的因素调查中，有49.2%的银行家认为个人征信市场的规范程度限制了消费金融业务的发展，这可能与我国个人征信体系运行时间较短，覆盖范围相对较窄，开放程度不够，商业银行难以从中获得足够的信用信息有关。此外，由于我国居民对医疗、教育、旅游、

房屋装修等服务消费需求愈加个性化，目前的消费业务类产品很难满足客户日益扩大的消费需求。48.0%的银行家认为消费金融市场的创新能力与目标客户差异性将成为未来商业银行占领消费金融业务市场的重要决定因素。

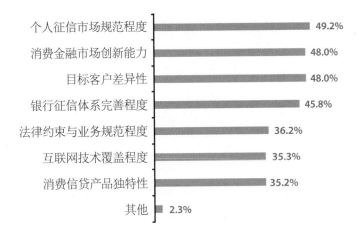

图3-24　2016年影响消费金融业务的主要因素

在对影响客户选择消费金融机构的因素调查中，75.3%的银行家认为消费信贷利息水平是决定银行消费金融业务竞争力的重要因素。66.6%和61.0%的银行家认为客户重点关注消费信贷审批放款速度及消费信贷额度。

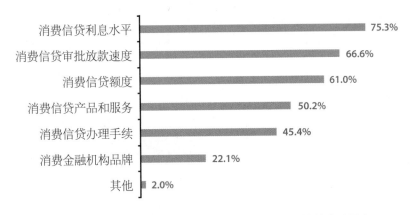

图3-25　2016年影响消费金融客户选择消费金融机构的主要因素

商业银行消费金融未来的发展，要从客户出发，以客户需求驱动服务整合和流程设计。调查结果显示，加速消费信贷产品创新、完善银行内部风险管理体系和建立消费信贷风险预警机制将成为未来一年银行家发展消费金融业务的重点策略，占比分别为61.6%、55.1%和50.1%。可以看出，为客户提供标准化的统一服务，创新消费信贷产品，优化技术升级，将成为未来银行重点关注的发展方向。

此外，在经济战略转型和调整的环境中，未来商业银行将继续从树立消费金融品牌、吸引消费金融客户，为客户提供标准化、精细化服务等方面入手，积极发展消费金融，完善消费金融业务体系，打造符合市场需求的消费金融品牌，推动商业银行未来的战略转型。

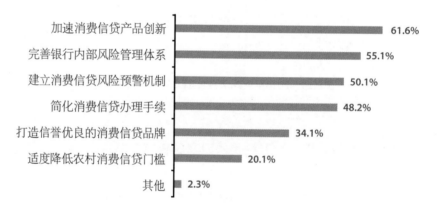

图3-26 未来一年消费金融业务发展策略

八、个人住房按揭贷款普遍积极，房地产开发贷款偏谨慎

在低利率、资产荒以及去库存的背景下，个人住房按揭贷款业务更受银行家青睐，成为零售业务发展的重要领域。在对个人住房按揭贷款态度的调查中，超过七成的银行家认为将大力发展或适度扩张，其中51.7%的银行家选择大力发展，25.9%的银行家认为将适度扩张，仅不足一成的银行家选择适当收缩或严格控制。

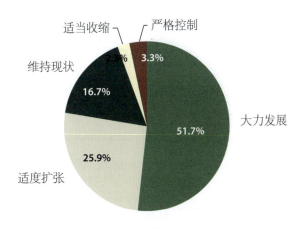

图3-27　银行家对个人按揭贷款的态度

而与个人住房按揭贷款相比，房地产开发贷款则呈现出明显分化，银行家对开发贷款所持态度也越来越谨慎。在对房地产开发贷款态度的调查中，35.7%的银行家选择适当收缩或严格控制，32.5%的银行家支持大力发展或适度扩张，31.8%的银行家保持观望态度。

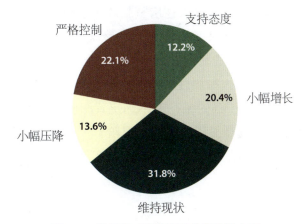

图3-28　银行家对房地产开发贷款的态度

在对上述两类贷款增速预测的调查中，当前房地产调控政策下，42.7%的银行家认为"个人按揭贷款增速提高，房地产开发贷款增速放缓"。其中认为个人住房贷款增速上升的银行家合计达到59.4%，房地产开发贷款增速放缓的银行家更是高达79.7%。

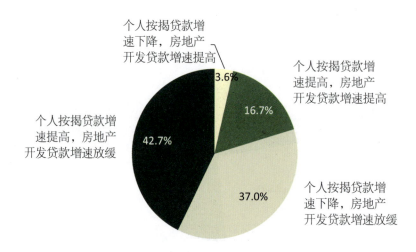

个人按揭贷款增速下降，房地产开发贷款增速提高 3.6%

个人按揭贷款增速提高，房地产开发贷款增速提高 16.7%

个人按揭贷款增速提高，房地产开发贷款增速放缓 42.7%

个人按揭贷款增速下降，房地产开发贷款增速放缓 37.0%

图3-29　银行家对个人按揭贷款和房地产开发贷款的判断

2015年的全国楼市呈现"冷热不均、分化严重"的特点，一线城市和部分热点二线城市的楼市成交活跃，价格涨幅明显，其余二线城市则保持相对平稳，而大部分三线城市仍然处于库存逐步消化阶段。为刺激购房需求，央行和银监会在2016年2月2日对个人住房贷款政策进行了重新调整，对不实施"限购"措施的城市，个人住房贷款原则上最低首付款比例为25.0%，各地可向下浮动5个百分点。调查显示，近七成的银行家认为"非限购"城市个人住房贷款政策调整对个人按揭住房贷款的影响较小或没有影响，18.3%的银行家认为影响较大，11.3%的银行家不确定其影响。经过大半年的政策运行，一线、二线城市已逐渐显现楼市过热风险，"十一"前夕多地陆续出台楼市调控新政，重启限购限贷政策，表明政策实施更加注重区域的差异化管理。

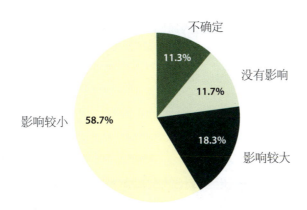

图3-30　"非限购"城市个人住房贷款政策调整对个人按揭住房贷款的影响

在个人住房按揭贷款的风险防范问题上，加强对借款客户的信用状况分析（80.8%）成为防控个人按揭贷款风险的首要措施，超过六成的银行家认为应该加强对抵押物风险的防范（63.8%）以及加强贷后管理和不良催收（60.3%）。

图3-31　中国银行业防控个人按揭贷款风险的主要措施

在防控房地产开发贷款面临的风险方面，69.2%的银行家认为应密切监测房地产开发商的资信和财务状况，64.4%的银行家认为严格审查房地产企业的资质，58.3%的银行家认为应落实资金封闭监管。

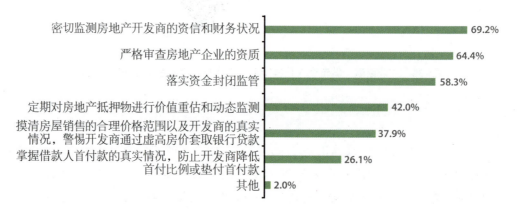

图3-32　银行家防控房地产开发贷款风险的主要措施

九、交易银行受到普遍重视，支付结算和现金管理成为业务重点

在利率市场化、人民币国际化、跨境交易以及互联网金融等加速发展的背景下，发展交易银行业务日益成为传统商业银行转型发展、拓展收入渠道与提升自身竞争力的关键。在2016年银行家对交易银行发展态度的调查中，持积极态度的合计超过六成，分别有19.4%和46.0%的银行家认为应大力发展和稳步推进交易银行，此外，有28.1%的银行家持谨慎态度，表明不考虑发展交易银行，仅有6.5%的银行家支持维持现状。根据2016年分类数据调查结果，基于自身定位及业务重点的差异，政策性银行中62.0%和农村金融机构中的42.2%均不考虑发展交易银行。

	总体	政策性银行	大型商业银行	股份制商业银行	城市商业银行	农村金融机构	外资银行
大力发展	19.4%	2.8%	20.8%	37.3%	12.8%	8.2%	17.2%
稳步推进	46.0%	31.0%	50.1%	45.4%	48.0%	39.5%	55.2%
维持现状	6.5%	4.2%	5.8%	5.8%	6.4%	10.2%	0
不考虑发展	28.1%	62.0%	23.2%	11.6%	32.9%	42.2%	27.6%

图3-33　2016年银行家对交易银行的发展态度

发展交易银行重点的调查显示，支付结算、现金管理、供应链金融和贸易金融是交易银行业务的主要发展方向，以超过半数的比例位列前四名。支付结算贯穿于其他业务之中且是获取客户信息的重要渠道，是交易银行的基础，被高达58.2%的银行家认为是发展交易银行的重点。现金管理将银行的单一业务纳入系统化业务体系，使之与银行的其他业务能够有机结合，从而为客户提供多方面、综合化的业务，有56.7%的银行家认为是发展交易银行的重点。此外，分别有50.8%和50.5%的银行家选择供应链金融和贸易金融，这两项业务不仅可以增加中间业务收入，也是取得沉淀资金的重要来源。

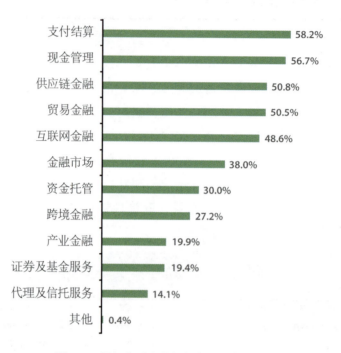

支付结算 ██████████████████ 58.2%
现金管理 █████████████████ 56.7%
供应链金融 ███████████████ 50.8%
贸易金融 ███████████████ 50.5%
互联网金融 ██████████████ 48.6%
金融市场 ███████████ 38.0%
资金托管 █████████ 30.0%
跨境金融 ████████ 27.2%
产业金融 ██████ 19.9%
证券及基金服务 █████ 19.4%
代理及信托服务 ████ 14.1%
其他 0.4%

图3-34　银行家对交易银行发展重点的看法

另外，随着国内商业银行的不良率越来越高，传统信贷经营管理模式愈发难以为继。因此，发展交易银行作为对传统运营模式的有力拓展和补充，也正日益成为众多银行关注的焦点。在发展交易银行最主要出发点的调查中，有高达63.4%的银行家认为获得新的业务增长点是第一出发点。其次，银行可以沿企业的交易链条沉淀存款，拓展低成本负债来源，选择此项的银行家占到50.4%。提升客户服务黏度、获得稳定收益和降低业务风险依次位列第三至第五名，占比分别为41.8%、40.7%和33.0%。这些都为国内传统商业银行实现转型升级提供了很好的突破口。

获得新的业务增长点　　　　　63.4%
拓展低成本负债来源　　　　50.4%
提升客户服务黏度　　　41.8%
获得稳定收益　　　40.7%
降低业务风险　　33.0%
转变经营服务模式　24.2%
拓展交叉业务　21.6%
其他　0.2%

图3-35　发展交易银行最主要的出发点

与国际化大型银行的交易银行业务相比，国内商业银行的交易银行服务还处于起步摸索阶段，仍存在许多制约因素亟须解决。在2016年银行家认为制约发展交易银行最重要的自身因素的调查中，产品研发能力作为银行核心竞争力的集中表现高居榜首，占比高达75.3%。

目前，国内商业银行不同部门之间相对孤立，策略、预算与绩效管理机制有诸多不同，在产品研发、市场营销以及客户拓展与服务等方面各自为战，缺乏跨市场、跨部门与跨产品的合作。这与交易银行所倡导的各部门间协作发展的经营模式格格不入，不利于银行业务条线的拓展以及提高服务客户需求的广度和深度。基于此，有63.6%的银行家认为制约发展交易银行最重要的自身因素是跨地区/过境、跨部门、跨产品条线的协同能力。风险管理一直是银行持续健康发展与提升行业竞争力的关键，而交易银行所倡导的综合化服务无疑对银行的风险控制能力又提出了更高要求，有54.8%的银行家认为风险控制能力是发展交易银行最重要的制约因素。

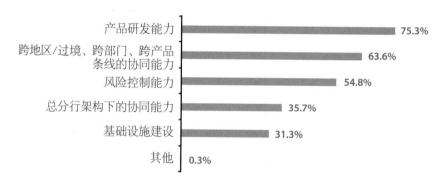

产品研发能力	75.3%
跨地区/过境、跨部门、跨产品条线的协同能力	63.6%
风险控制能力	54.8%
总分行架构下的协同能力	35.7%
基础设施建设	31.3%
其他	0.3%

图3-36　制约交易银行发展的最重要的自身因素

　　国内商业银行的交易银行业务起步较晚，面临着组织结构、产品体系、技术层面等诸多方面的困难。因此，找准发展交易银行的着力点对于打造该项业务的成熟体系乃至实现银行的转型升级都至关重要。在发展交易银行的着力点的调查中，整合产品体系并实现综合化、定制化、标准化位居首位，占比高达70.4%，遥遥领先其他方面。强化渠道服务并搭建专业化营销服务体系以及优化业务流程并提升线上业务处理能力依次以超过半数的比例位列第二、第三名，占比分别为58.7%和55.5%。

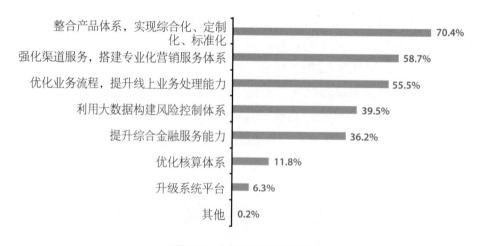

整合产品体系，实现综合化、定制化、标准化	70.4%
强化渠道服务，搭建专业化营销服务体系	58.7%
优化业务流程，提升线上业务处理能力	55.5%
利用大数据构建风险控制体系	39.5%
提升综合金融服务能力	36.2%
优化核算体系	11.8%
升级系统平台	6.3%
其他	0.2%

图3-37　发展交易银行的着力点

十、银行业积极支持PPP业务，投行业务是最主要形式

在中国银行业对PPP业务模式态度的调查中，银行家普遍对公私合营项目持支持态度（1分表示最不支持，5分表示最支持）。其中近2/3的银行家明确对PPP业务模式表示支持（打分在4~5分），另外近1/3的银行家则对PPP业务模式持中立态度，而不支持PPP业务模式发展的银行则非常有限。

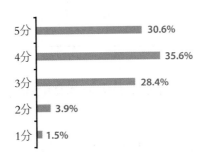

图3-38　银行家对PPP业务模式支持态度打分

从不同类型银行看，政策性银行及国开行对PPP业务模式的支持力度最大，有46.5%的政策性银行及国开行的银行家对PPP业务模式态度打了5分，远高于其他类型的银行；其次是大型商业银行，近四成的银行家打分为5分。主要原因为：一方面，政策性银行与大型商业银行与政府之间的关系更为紧密，获取优质项目的能力更强，因此在PPP业务中有更大的发展动力；另一方面，PPP项目大多为准公益性项目，收益能力有限，而政策性银行及大型商业银行拥有更低的资金成本。中小型股份制商业银行及区域性商业银行打分更集中于4分，也体现出其对PPP项目的支持态度。而农村中小金融机构及外资商业银行更多基于自身机构属性、业务开展能力考虑，对PPP项目持中立态度。

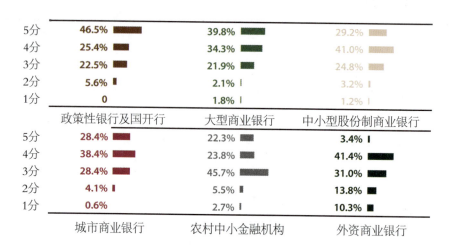

	政策性银行及国开行	大型商业银行	中小型股份制商业银行
5分	46.5%	39.8%	29.2%
4分	25.4%	34.3%	41.0%
3分	22.5%	21.9%	24.8%
2分	5.6%	2.1%	3.2%
1分	0	1.8%	1.2%

	城市商业银行	农村中小金融机构	外资商业银行
5分	28.4%	22.3%	3.4%
4分	38.4%	23.8%	41.4%
3分	28.4%	45.7%	31.0%
2分	4.1%	5.5%	13.8%
1分	0.6%	2.7%	10.3%

图3-39 不同类型银行对PPP业务模式支持态度打分

从业务类型上看，银行参与PPP的业务模式众多，有62.3%的银行家认为投资银行业务是中国银行业支持PPP业务模式的最主要形式。在混业经营发展的背景下，中国银行业投资银行业务迅速发展，为银行参与PPP业务模式提供了更有效的途径，具体形式包括资产证券化、结构融资等。

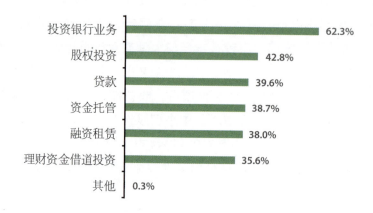

投资银行业务	62.3%
股权投资	42.8%
贷款	39.6%
资金托管	38.7%
融资租赁	38.0%
理财资金借道投资	35.6%
其他	0.3%

图3-40 中国银行业参与PPP项目的合理业务模式

从业务类型上看，轨道交通及供水、供暖、供电在得到政府支持的同时也拥有较好的现金流，因此成为银行家们投资PPP项目时主要的选择，两者占比分别为60.8%和59.8%。

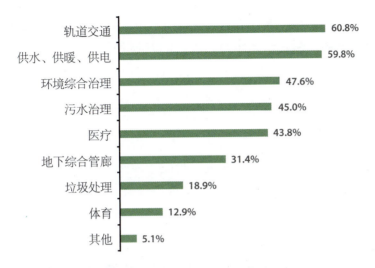

图3-41 中国银行业支持PPP项目的主要领域

而银行在考虑是否参与PPP项目时，仍需考虑诸多因素。地方政府对PPP模式的支持力度和项目所处的行业市场现状是商业银行考虑的最重要因素，选择占比分别为61.4%和61.2%。项目的现金流情况、地方政府的经济实力和PPP模式交易结构的合理性选择比例也均超过55%。由于PPP项目未来收益分配依赖项目自身现金流，因此企业财务状况重要性相对较低，而担保情况重要性更低，优质项目而不是担保才是银行参与PPP项目的决定性因素。

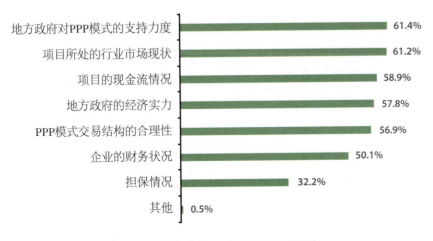

图3-42 银行参与PPP项目所考虑的因素

有超过七成的银行认为"提升项目风险管理能力""创新产品及服务，充分挖掘客户需求"是银行为PPP项目提供服务过程中仍需改进之处，选择这两项的银行家占比分别达到73.7%、71.6%。由于PPP项目期限长、收益低、交易结构复杂、涉及诸多参与方，因此对项目的风险把控显得尤为重要。另外，正如上文所述，商业银行参与PPP项目合理的业务模式较多，但是由于受到《商业银行法》中商业银行对企业股权投资限制，实操的业务模式种类有限，许多模式仍在试验阶段。因此银行想要更好地开展PPP相关业务，仍需创新产品及服务，以满足客户需求。

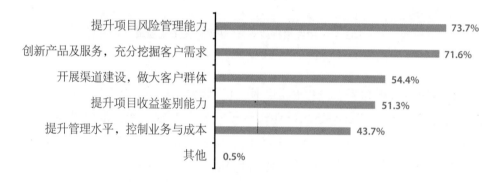

图3-43　银行为PPP项目提供服务过程中需要改进之处

十一、银行业参与"一带一路"规划亟须创新，注意防范信用风险

　　"一带一路"建设是中国政府提出的重大倡议，其战略目的是积极发展与沿线国家的经济合作伙伴关系，共同打造政治互信、经济融合、文化包容的利益共同体。对我国银行业而言，多数银行家认为该举措对加速推进人民币国际化意义深远，占比达到了68.6%；其次，对推动跨境及离岸金融产品创新、拓展银行的国际化业务领域和深化与沿线同业的金融合作有着重要影响，选择的银行家占比分别为45.7%、43.3%、42.1%。

加速推进人民币国际化　　68.6%
推动跨境及离岸金融产品创新　　45.7%
拓展银行的国际化业务领域　　43.3%
深化与沿线同业的金融合作　　42.1%
化解产能过剩，缓解银行不良率上升的情况　　28.8%
推动业务转型，进一步提升综合服务能力　　26.8%
海外分支机构布局再提速　　25.0%
其他　　0.1%

图3-44　"一带一路"规划对中国银行业的影响

　　作为我国银行业海外布局一次难得的机遇，参与"一带一路"规划的布局方式至关重要，商业银行需要及时调整自己的业务产品和策略，以更快地适应"一带一路"建设所带来的各种业务机会。调查显示，近七成（69.5%）的银行家将创新特色金融产品作为布局"一带一路"战略的主要方式，主要是因为涉及不同的国家和不同领域的合作，包括基础设施、产业和装备制造业，这些都需要金融创新的支持；参与跨境金融互联互通机制建设和加强境内外同业合作也受到银行家的重视，选择占比分别为47.8%和40.3%。

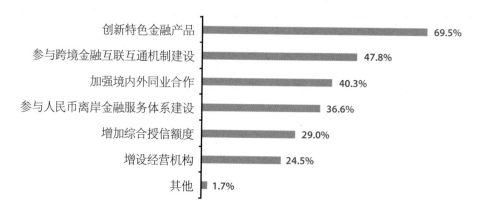

图3-45 银行加快"一带一路"布局的主要方式

在业务开展方面,超过五成(55.2%)的银行家将重大项目融资作为助推"一带一路"战略的主要业务。由于"一带一路"主要是集中在不发达地区,开展出口信贷、综合化金融业务和日常国际银行业务的重要程度相对较弱,占比分别为41.2%、39.2%和35.6%。

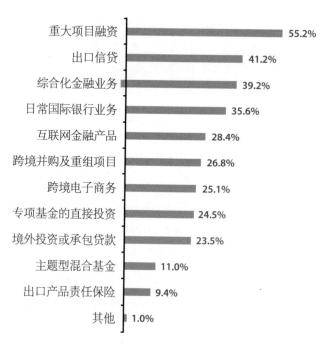

图3-46 银行支持"一带一路"应开展的业务类型

在参与"一带一路"规划过程中面临的风险方面，由于"一带一路"沿线的合作伙伴中，许多是以低端制造业和石油生产为主，在全球经济下行以及国际油价波动较大的背景下，企业经营的风险相应较大。调查显示，银行家普遍认为信用风险是"一带一路"规划中面临的主要风险，占比达到了68.1%；国家风险和法律风险位居其后，占比分别为52.8%和52.5%，因为许多国家是正处于社会和经济结构转型时期的发展中国家，在安全和发展方面普遍存在不确定矛盾，风险隐患不容忽视。

图3-47 "一带一路"规划中面临的主要风险

访谈手记之三

招商银行行长田惠宇谈商业银行的"大资管大投行"战略

课题组：请问贵行资管业务的具体定位是怎样的，核心竞争力在哪里？

田惠宇：招行资产管理业务定位于打造"轻型银行"战略目标的战略性新兴业务。与同业资管业务相比，在战略定位、组织架构、客群和渠道建设、产品体系和投资研究等方面均具有一定的优势，进而形成了招行资管业务的核心竞争力。

第一，在战略定位上，资产管理业务定位于招行打造"轻型银行"战略目标的战略性新兴业务。总行推进资产管理事业部制改革，优化资源投入结构，在人力、IT资源等方面给予重点倾斜，并将其嵌入战略绩效考核指标体系，引导分行加大投入。

第二，在组织架构上，已建立较为完善的资产管理组织架构体系。搭建起前、中、后台一体化的管理架构，有效推动资产管理业务的规范化运作、专业化管理和精细化发展。

第三，在客群和渠道建设上，资产管理部与各渠道之间依托高效、协同的机制，能做到快速反应市场变化，在充分保障理财资金募集规模的同时，将资金成本控制在合理水平。在资产端，全行公司、同业部门也给予资产管理业务极大的

支持，通过加强优质资产的组织和推介，有效地缓解了"资产荒"。

第四，在产品体系上，通过持续的产品创新，不断满足客户多元化投资需求。例如，2016年，招行向年金个人客户发行"金色人生"系列理财产品，面向老年客户推出"金颐养老"系列理财产品。目前，招行产品的丰富程度远优于同业，能够为客户提供多样化的资产配置选择。

第五，在投资研究上，持续增加资源投入，建立了全面资管研究体系、合作机构准入体系和绩效管理体系。投研团队除了制定大类资产配置策略、定期发布研究报告之外，还积极推进资产管理决策分析（ADAM）系统的开发，搭建数据集市和MOM分析系统原型，有效提升投资决策管理的信息化水平。

课题组：您认为贵行在开展"大投行"业务过程中，主要存在哪方面的优势，应该重点加强哪方面的能力？

田惠宇：商业银行开展投行业务具备天然优势。一是客户优势。商业银行拥有丰富的客户资源。通过跟踪、分析客户需求，能够及时找出适合做投行业务的项目。二是服务和机构网络优势。众多网点和附属子公司，为发展投行业务提

供了便利的通道。三是资金优势。能够吸收公众存款，也可以通过发行银行理财产品等方式集中理财资金，资金来源充足。四是信誉优势。商业银行长期建立的信誉优势对其发展投行业务十分有利。

此外，招行开展投行业务还拥有一定的比较优势：一是战略上重视。2014年，招行率先提出"轻型银行"的转型方向，把投资银行业务作为转型中的重要抓手。二是有比较完善的海外平台体系。招行在境外设立了多家分行，在香港地区还有一家子行和一家投行。三是有领先同业的表外资金规模。目前，招行表外理财资金规模已突破2万亿元，为投行业务发展提供了强大的资金支持。

当然，商业银行开展投行业务也面临一定的困难。比如，体制机制还需要一定的适应过程，专业人才的储备还有待进一步加强等。我们也在认真研究，通过各种举措，谋求投行业务的进一步发展。

第一，深耕核心客户，深入推进投行产品分层经营。通过聚焦上市公司及其母公司、重点行业龙头企业等核心客群，深挖客户需求。总行牵头经营核心客群的复杂投行产品，组建总分行联合作战的项目团队，选派产品经理直扑一线营销，将业务机会从后期获取推向前置挖掘；在方案设计、审核立项、授信审批等各个环节建立针对核心客户的优先响应机制，争做其投行业务主办银行。

第二，围绕重点产品，打造并强化市场领先优势。其中，债券承销业务围绕永续债、超短期融资券等重点产品，加快对目标客户的营销推动，巩固招行创新引领市场的品牌影响力，强化重点产品上的既有优势。并购金融业务借助招行在私有化以及银团贷款等业务打造的品牌优势，聚焦股债混合、跨境并购、过桥融资、并购基金、大股东定增、私有化和红筹重构、撮合财务顾问+配套融资七大产品方向，提高项目成功率，进一步强化市场领先优势。结构融资和股权投融资业务深入分析市场形势和客户需求，创新服务模式，打造明星产品，争取更大突破。

第三，推进经营模式调整，加大主动营销和营销支持力度。一是在总行层面探索营销模式调整，加大主动营销力度，通过建立客户名单制，推动直营业务发展。二是发挥总行平台优势，与券商投行、PE渠道机构建立全方位联系，建立投行生态圈，加大渠道获客力度。三是选取大型央企/国企、优质平台类企业、优质上市公司等目标客户，集中优势资源，提供投行综合化服务，打造经典案例。

第四，加强基础建设，提升专业水平，打造有竞争力的投行队伍。一是进一步研究探索投行部门在业务推动中的角色职能，寻找商业银行投行经营的最佳组织形式和机制流程，探索投行人员激励模式。二是加强热点专题研究，指导分行形成多角度多形式的业务线索挖掘与营销手段，提升市场敏感度。三是加强分行业务培训工作，提高分行团队专业素质，提升工作质量，强化专业经营。四是积极组织先进分行经验介绍，树立典型分行、典型人物，推进全行对成功经验的快速复制。

访谈手记之四

中国银行国际金融研究所首席研究员宗良、北京银行相关负责人、深圳农村商业银行行长袁捷谈科技金融支持经济创新发展

课题组：请简要介绍贵行在落实"双创"政策方面采取的举措和取得的成效。

宗良（中国银行）："大众创业、万众创新"近年来受到国家高度关注，中国银行积极响应国家政策，发挥自身优势，不断创新发展，主要有以下四种模式：

一是中银信贷工厂。从2012年开始，为满足小微企业的融资需求，中国银行开始建立推广信贷工厂的业务模式。该模式缩短了小微企业整体贷款流程，授信审批流程从原来的接近十个减少到四个，审批效率大大提高。在该模式下，原本两三个月的审批放款时间，缩短到最快两三天就完成审批放款。中银信贷工厂建立以来，共计服务超过30万客户，大部分都是小微企业，累计投放了1.8万亿元贷款，客户满意度较高。

二是中关村服务模式。该模式是在中银信贷工厂的基础上进一步的创新。截至目前[①]，中关村模式（包括推广的上海张江、苏州以及广州等六个地区）已经累计发放258亿元，累计客户超过3 000户，

存量业务规模74亿元。同时在资产质量方面，不良率保持比较低的水平。

三是跨境撮合服务模式。中国银行是国内银行中国际化程度最高的银行，中国银行发展了带有中国银行业特点的服务模式。中小企业融资难问题不是中国特有，世界各国或多或少都存在中小企业融资难的问题。中国银行也想通过这种方式，促进国内外企业的借鉴、转型、升级，将国外企业的先进技术、优质资源引入国内。2014年以来，中行在五大洲举办了25场交流活动，国内包括河北、陕西，国外包括美国、德国等。发挥中国银行海外优势，对内地市场进行一定辐射，在市场引起了较大的影响，政府和客户反响强烈。

四是投贷联动。早在银监会发文之前，中行一直在探讨相关的问题。2016年4月，银监会、科技部、人民银行联合印发了《关于支持银行业金融机构加大创新力度 开展科创企业投贷联动试点的指导意见》，明确建立国家自主创新示范银

---

① 课题组访谈时间，2016年10月。

行。这是商业银行投贷联动业务上的重大提速。为深化投贷联动机制，中行设立子公司的方案目前已经上报银监会。

北京银行相关负责人：一是参与信用体系建设，助推创业创新生态体系打造。参与发起了中关村信用促进会，参与由银监会、国家科技部主导，银行业协会开发的我国第一个科技专家公共服务平台——"科技专家选聘系统"的开发和试点工作。二是加大产品创新力度，扩大创业创新金融服务覆盖。加大产品创新力度，提供"双创"企业专属产品、特色服务，发布了"创业贷""成长贷""网速贷""见贷即保""创业保""普惠保"等特色产品，形成涵盖科技企业创业、成长、成熟、腾飞等各个发展阶段，包括50余种产品的"小巨人"产品体系。三是倾力打造创新模式，提升创业创新金融服务水平。推动信贷工厂及小微专营/特色支行建设，通过"批量化营销、标准化审贷、差异化贷后、特色化激励"实现流水作业。2015年6月，创新设立中国银行业首家银行"孵化器"——中关村小巨人创客中心，为创业会员提供一体化创新服务。四是有机串联内外服务，联动服务创业创新企业成长。与专业投资机构、担保公司、知名券商、专业评估机构、国际版权交易中心等展开战略合作，创新推动知识产权质押、股权质押、私募债、基金托管及理财等全面金融服务，形成外围支持网络。联合各级孵化器，服务"大众创业、万众创新"。

袁捷（深圳农村商业银行）：对深圳农村商业银行来讲，服务对象除了一些传统的社区居民以外，未来更多的是一些创新企业。我们有一个口号叫"陪你创业共成长"，即创业初期银行与创业者一起来做，随着公司成长大家一起获得发展。一是搭建"一站式"服务平台。如创业企业注册，深圳农村商业银行和（深圳市）市场监督委员会合作，开发了"简单注册E+"的产品，在家就能办理注册登记；还有银税互动，深圳农村商业银行是与（深圳市）国税开展银税互动的唯一合作伙伴；深圳农村商业银行还是深圳市就业中心唯一的合作银行，为就业中心创业服务工作提供支持。二是设立专营机构。按照银监会要求，深圳农村商业银行专门成立了小微金融事业部。2009年成立至今已经近7年的时间，累计发放贷款近100亿元，客户近三万个。三是开发专属产品。这些产品具有针对特定市场主体、金额不大、简单快捷等特点。例如"小时贷"业务，符合条件的客户网上申请后两小时就可以实时到账，当然是小额的贷款。深圳农村商业银行业务处理快捷高效，难能可贵的是这部分贷款不良率不是很高，大部分创业的人比较讲信用。当然深圳农村商业银行也利用一些数据，包括人民银行征信、鹏元征信、腾讯征信、芝麻征信等征信系统都有使用，对客户的判断分析很有帮助。

课题组：请介绍贵行开展科创企业投贷联动试点的主要模式。

宗良（中国银行）：机构设置方面，在境内设立独立的子公司，投行业务方面设立专营机构，实现两个方面的隔离：一是商业银行内部投资银行业务的隔离，二是商业银行内部投贷联动业务和现有中小企业业务的相互隔离。业务模式方面，贷款业务在之前实践基础上，更加细化相应的信贷计划、目标行业以及业务流程，针对科创公司不同的生命周期推出相应的产品，投资银行业务方面设置三组独立的调查，对项目进行筛选。联动机制方面，发挥自身优势，利用中银证券、中银投等实现客户共享、信息共享等交叉联动。风险控制方面也有所创新，在原有风险可控的基础上，适当提高风险容忍度，核心是收益覆盖风险。配套机制方面，明确了投资与信贷业务的收益共享、风险分担的补偿制度，建立与投贷联动相符合的保全制度，实现商业银行在同期业务的加强。

北京银行相关负责人： 一是认股权贷款模式。北京银行在为企业提供授信支持的同时，由北银丰业/指定第三方投资机构与企业签订优先认股权协议，未来可优先参与企业股权融资的金融服务产品。二是股权直投模式。北京银行指定北银丰业或第三方机构发起设立股权投资基金参与未上市企业股权投资；或者由北京银行通过理财资金直接参与上市企业股票定向增发的金融服务产品。股权直投主要包括股权投资基金、定向增发等模式。三是投资子公司模式。2016年4月21日，北京银行被正式列入投贷联动业务试点的首批10家银行之一。北京银行将通过内部专营机构建设以及投资子公司方案设计，实现以投促贷、以投养贷、投贷结合的目标，更好地支持科创企业。

课题组： 请问贵行开展投贷联动试点过程中面临哪些困难？有哪些政策建议？

宗良（中国银行）： 投贷联动是新兴业务，仍然具有很多挑战。一是专业人才。商业银行不论是信贷业务还是投资银行业务都涉及人员问题，发展该业务需要相应的专业人才匹配。二是金融生态环境。新的金融生态环境使银行在调查和贷后管理方面付出更高的成本，这方面也需要相关的政府部门支持。三是市场化机制有待进一步推动建立。传统的商业银行风险管理支持科创企业有一定的难度，银行考核的方式很大程度上影响支持科创企业的效果。四是投资收益对风险弥补的期限错配风险。前期投入和收益实现需要一定时间周转，一般需要三到五年，在投资业务尚未成熟的情况下，商业银行有可能出现不良贷款，不良贷款核销存在一定问题。

政策建议方面，一是政府牵头完善支持科创型企业的金融机制建设，给银行、企业在内的各个机构构造良好的金融生态环境。二是在投贷联动试点过程中，希望获得相关的政策支持，如信贷规模和不良资产处置等政策，这样商业银行能加大对科创企业的支持力度。三是快速核销等配套机制建设完善、提高从业人员素质等，以解除后顾之忧。

北京银行相关负责人： 一是建议完善投贷联动相应风险补偿机制。目前虽然风险分担机制形成了框架协议，但是与以前的风险补偿政策相比突破不大，在补偿范围、金额、时间等方面需要提高可操作性，对银行改善财务报表的时效性不够。二是建议根据试点开展情况，逐步放宽业务限制，允许其按照独立法人进行市场化运作，以扶持更多的科创企业。三是建议能够比照金融机构计算风险加权资产，促进金融机构加大投贷联动资金投入。

课题组： 为进一步推动金融服务"双创"，

请问贵行有哪些政策建议？

宗良（中国银行）：科技企业更多的是靠输出值，价值增长快但风险不匹配，商业银行自身更愿意从股权角度支持，这要求商业银行进一步推进综合化经营。如果商业银行能分享企业价值成长的过程，将提高商业银行对科技企业的支持力度，这就需要国家提供相应的政策支持。

在互联网科技发展的大背景下，沃尔玛、家乐福等零售企业，包括大宗商品交易所都在走互联网化道路。但是由于商业银行的政策不匹配，监管过于严格，使得商业银行有许多事情不敢涉足，国家鼓励政策效果不理想，希望国家在该方面能够放松监管，并提供相应的政策支持。

北京银行相关负责人：一是强化监管政策激励。建议监管层进一步细化小微企业金融服务与机构市场准入挂钩的差异化考核激励政策。如针对小微金融服务较好的金融机构，在增设分支机构及相应小微专营支行、社区银行准入等方面给予政策性扶持。二是建立信息共享机制。建议建立并完善商业银行业间的沟通、协调机制和信息共享平台。一方面，对不良贷款、信用风险及市场风险暴露情况，小微从业人员道德风险情况进行公开披露，并形成常态化的通报机制；另一方面，协调商业银行间小微业务开展，避免对小微企业随意抽贷、压贷，防止出现系统性风险。三是加强外部协调联动。建议发挥监管推动职能，推进银保、银税等普惠金融业务落地。政府部门通过建立债权融资平台、设立并不断完善风险补偿基金、构建科技型中小企业数据库等方式，助力银行建立完善的风险控制机制。同时，加强政策性担保公司政策扶持作用，降低普惠金融的门槛和成本。

袁捷（深圳农村商业银行）：就"双创"来讲，当然政府也是很重视的，但是光靠银行是不够的。对于创业企业来说，金融需求还是很多没有得到满足，包括现在国内的小发明、小专利，如果有可能转化为产品的话，还是需要金融机构来对接的。从政府角度也应该给予适当的扶持，比如政府设立的引导基金，并与银行开展合作，增强银行信心。目前，对于新兴企业、高科技企业，银行在风险管控上存在一些担心，这是十分正常的。深圳农村商业银行前期计划3年服务1 000家科技型企业、信贷余额达到200亿元，但如果没有政府支持的话很难达成。如果可行的话，能不能在风险管控上分档设计，银行优先、政府基金劣后，这种方式其实也是可以尝试的。

第四部分
风险管理与内部控制

近年来，我国商业银行的组织结构和业务经营范围及复杂程度都发生了较大变化，提供的金融产品和服务日益丰富，涉及财富管理、投资银行、电子银行、金融市场等多个领域，面临的风险日益多元化，内部控制的重要性也逐渐突出。

2016年，中国国内生产总值同比增长6.7%，经济下行压力依然较大，经济结构调整及产能过剩治理仍将持续推进。商业银行在配合国家供给侧结构性改革以及自身结构调整的同时，如何进一步加强风险管理及内部控制需要引起银行业的整体关注。

一、信用风险最受关注，加快不良资产核销和押品处置最受银行家认可

　　根据银行家们对银行业2016年风险管理工作重点作出的选择，信用风险、市场风险和流动性风险占比位列前三，分别为81.3%、53.8%和36.6%。其中，信用风险显著高于其他风险类别。对比过去七年中国银行业风险管理工作的重点可以发现，信用风险在各年均获得较高的关注度，其中有七年排在首位（包括本年度），显示出中国银行业多年以来面临的最主要风险始终是信用风险，信用风险管理是商业银行需要警钟长鸣的话题。受宏观经济下行压力影响，以及实体经济经营困难向金融领域传导，当前我国商业银行资产质量正面临新一轮劣变压力，基本符合银行资产质量顺周期演变规律。目前，虽然我国银行体系不良贷款率仍处于全球银行低位，但未来我国去产能、去杠杆、去库存进程的加快有可能从多个方面对银行信贷资产质量形成压力。当前及未来一段时间，我国银行信贷资产质量管理能力将真正面临宏观经济金融环境变化的压力与考验。

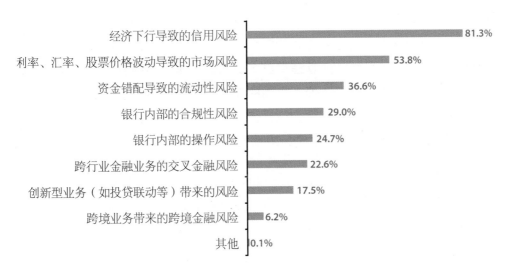

图4-1　2016年银行业将面临的最主要风险

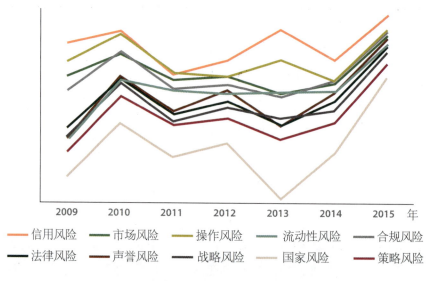

图4-2　2009—2015年中国银行业风险关注度走势

市场风险和流动性风险的关注度均创八年来的新高，分别排在第二位、第三位。目前，我国与利率市场化相关的制度基础和负债工具创新基本到位，人民币汇率市场化改革也在稳步前行，商业银行更加重视综合性融资服务能力提升和泛资产管理中的创新能力培养，也更加重视全球化资产配置和管理，这些都对市场风险的管理提出了更高的要求。而随着息差的缩窄，银行为了追求盈利性，加剧了资产负债的期限错配；同时出于规避监管或提高收益的对传统资产负债表科目，以及传统的贷款、存款、理财与同业业务的"创新"，最终都将体现为对银行流动性的冲击。

合规性风险和操作风险分列第四和第五位。近年来银行业案件频发，2016年仅票据类案件的涉案资金就超过了100亿元，这使得银行家对这两种风险的重视程度急剧上升，虽然从排名看，2016年略有下降，但依然受到银行家的高度关注。

从不同银行类型来看，大型商业银行对于合规性风险的重视程度要高于其他银行，排在所有指标的第二位，可以看出大型商业银行更加注重合规性问题。同时，大型商业银行对于流动性风险的关注程度则在所有银行中最低，体现出大型商业银行流动性相对充裕、流动性风险管理能力也相对较强。股份制银行和外资银行对于操作风险的重视程度高于其他银行，而城市商业银行对于跨行业金融业务的交叉金融风险的重视程度要高于其他银行。

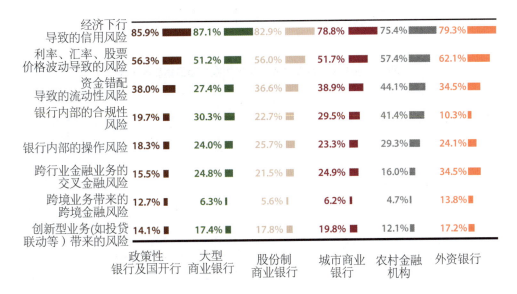

图4-3 不同类型机构2016年面临的最主要风险

对于2016年银行业在风险内控方面的主要工作内容，65.7%的银行家认为应该提高不良资产现金清收能力，加快不良资产核销和押品处置。从2016年上半年来看，上市银行的核销力度明显提升。据统计，2016年上半年上市银行核销不良贷款规模超过2 000亿元，占2015年全年核销规模的三分之二。49.1%的银行家认为在2016年应持续优化信贷结构。2016年，重新启动的不良资产证券化以及"债转股"等化解不良资产的方法得到47.3%的银行家的认同，而44.2%的银行家认为排查治理交叉金融产品风险，加强资管、同业、通道等产品的穿透式管理应作为风险管理的重点。

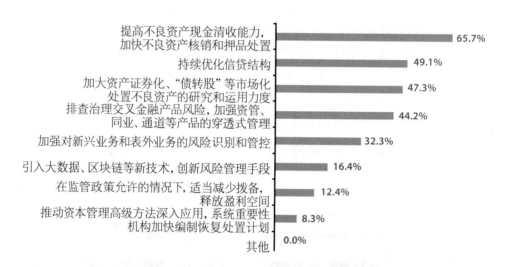

提高不良资产现金清收能力, 加快不良资产核销和押品处置　65.7%

持续优化信贷结构　49.1%

加大资产证券化、"债转股"等市场化 处置不良资产的研究和运用力度　47.3%

排查治理交叉金融产品风险, 加强资管、 同业、通道等产品的穿透式管理　44.2%

加强对新兴业务和表外业务的风险识别和管控　32.3%

引入大数据、区块链等新技术, 创新风险管理手段　16.4%

在监管政策允许的情况下, 适当减少拨备, 释放盈利空间　12.4%

推动资本管理高级方法深入应用, 系统重要性 机构加快编制恢复处置计划　8.3%

其他　0.0%

图4-4　2016年中国银行业在风险内控方面最重要的工作

二、"两权"抵押贷款风险防控的关键在于建立抵押物处置机制

"两权"抵押贷款（农村承包土地经营权抵押贷款和农民住房财产权抵押贷款）试点是党的十八届三中全会提出的明确任务，同时也是我国农村土地制度改革和农村金融体制改革制度的重要创新。对于"两权"抵押贷款的风险防控措施，有59.2%的受访者认为"建立抵押物处置机制"是风险防控最有效的措施。虽然银行在满足条件的情况下可以处置抵押物，但实际中将土地经营权转手往往需要专业的操作者，这无疑加大了银行的工作难度，银行在拿到"两权"资产后往往难以及时变现。因此，银行家们对于建立健全有效的抵押物处置机制非常关注。

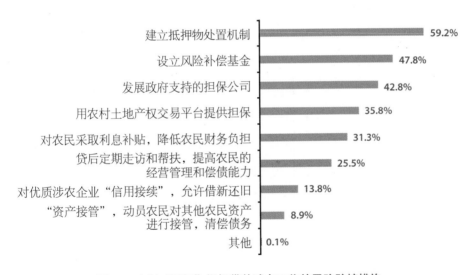

建立抵押物处置机制	59.2%
设立风险补偿基金	47.8%
发展政府支持的担保公司	42.8%
用农村土地产权交易平台提供担保	35.8%
对农民采取利息补贴，降低农民财务负担	31.3%
贷后定期走访和帮扶，提高农民的经营管理和偿债能力	25.5%
对优质涉农企业"信用接续"，允许借新还旧	13.8%
"资产接管"，动员农民对其他农民资产进行接管，清偿债务	8.9%
其他	0.1%

图4-5 农村"两权"抵押贷款试点工作的风险防控措施

此外，还有47.8%的受访者认为应该"建立风险补偿基金"，42.8%的受访者认为应该"发展政府支持的担保公司"。由于"两权"抵押贷款仍限制在一定区域和范围内试行，其抵押财产的价值评估、权利归属确认、违约转让等也都还潜藏一定的风险，因此银行家普遍呼吁在试点初期，通过增加政府部门介入的方式缓释银行的信贷风险。

三、产能过剩行业和小微企业贷款风险依旧，加强贷前审查任重道远

虽然产能过剩行业贷款所导致的信用风险仍是受访银行家关注的主要对象，但关注比例较2015年下降了约9%。根据央行公布的信贷数据，自2016年3月开始，产能过剩行业中长期贷款连续4个月负增长。这说明，银行业正在主动配合国家的供给侧改革，并发挥其对经济的引领作用。同时，有52.5%的银行家认为小微企业贷款将会是本行在2016年面临的首要信用风险事件。小微企业本身就具有经营风险大、抗风险能力低、贷款用途难以把握和监控等风险，在目前的经济环境下，其风险依然不容小觑。

值得注意的是，关注房地产开发贷款风险的银行家比例较2015年下降了7.7%，为38.6%。这可能与2016年国内部分地区、尤其是北上广等一线城市房地产市场异常火爆有关。

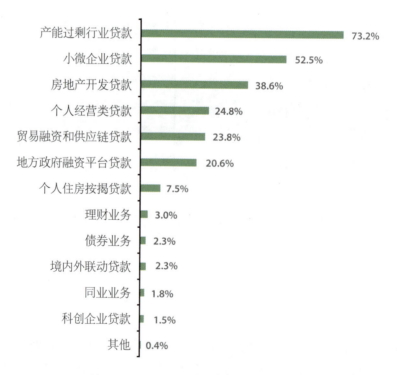

图4-6　2016年银行业面临的最主要的信用风险

按区域划分来看，东部地区只有23.9%的银行家更关注房地产开发贷款的风险，远低于其他地区的比例。房地产市场的变化对于房地产开发贷款风险的影响很大，东部地区的房价涨幅一直高于其他地区，这使得东部地区的房地产企业资金更为充裕。而中部地区对于房地产开发性贷款的关注程度排在所有选项的第二位，为各地区最高。国家统计局数据显示，2016年东部地区房地产开发投资56 233亿元，同比增长5.6%，增速比1~11月份提高0.4个百分点；中部地区投资23 286亿元，增长10.7%，增速提高0.1个百分点；西部地区投资23 061亿元，增长6.2%，增速提高0.4个百分点，说明房地产投资持续"迁移"中西部，这无疑对房地产企业的资金链提出了新的要求。

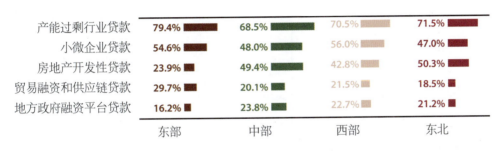

	东部	中部	西部	东北
产能过剩行业贷款	79.4%	68.5%	70.5%	71.5%
小微企业贷款	54.6%	48.0%	56.0%	47.0%
房地产开发性贷款	23.9%	49.4%	42.8%	50.3%
贸易融资和供应链贷款	29.7%	20.1%	21.5%	18.5%
地方政府融资平台贷款	16.2%	23.8%	22.7%	21.2%

图4-7　不同地域的金融机构2016年面临的主要信用风险

对于2016年信用风险管理的重点，71.9%的银行家认为应该加强贷前审查，严格准入管理；45.6%的银行家认为应该严格落实授信条件，加强发放审核；48.9%的银行家认为应该加强信用风险动态监测和实时预警，而只有36.0%的银行家认为应该加大不良贷款的管理和清收处置力度及其责任的认定和处理。调查结果反映，相较于事后处理，受访银行家将信用风险的事前审查及动态监控视为防控潜在风险的主要手段。

加强贷前审查，严格准入管理	71.9%
加强信用风险动态监测和实时预警	48.9%
严格落实授信条件，加强发放审核	45.6%
修订行业授信指引，调整信贷结构	42.6%
加大不良贷款的管理和清收处置力度及其责任的认定和处理	36.0%
加强押品管理	17.7%
加快资本管理高级方法的应用	17.0%
其他	0.1%

图4-8　2016年加强信用风险管理的重点

四、新时期下市场风险的识别受到银行家的普遍关注

随着利率市场化步伐加快、汇率形成机制改革持续推进、企业债券市场快速发展，许多潜在的市场风险在过去没有被意识到，如何尽早地识别这些风险则显得尤为重要。目前，政府对债券违约的容忍度明显提高，需警惕失去隐性担保后的信用债的违约风险向银行进行传导。从市场风险管控手段的选择来看，银行家们表现出了高度一致性，有78.2%的银行家选择以"完善市场风险识别与预警机制"作为重点，争取做到尽早识别、尽早管控。

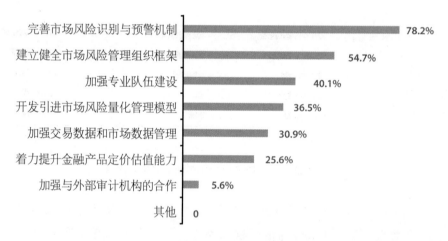

图4-9　2016年银行业加强市场风险管理的重点

五、强化日常流动性管理、完善决策流程成为管控流动性风险的重点

针对流动性风险的管理，有58.1%的银行家认为应该"强化日常流动性管理"，将流动性风险管理常态化，保持日常流动性处于合理水平，提高应对紧急流动性风险的能力，避免过去在特定时点流动性不足的问题。44.7%的银行家认为应该"完善流动性管理决策流程"，44.2%的银行家认为应该"构建审慎经营的银行管理体系"。

值得注意的是，近年来已经在中国银行业普遍应用的流动性压力测试，仅有19.1%的银行家认为其需要进一步完善，显示在当前市场环境下，银行家认为目前的压力测试已经基本可以满足银行的流动性管理需求。

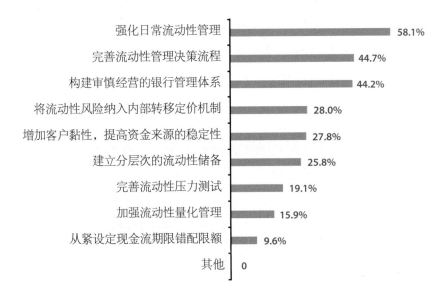

图4-10 2016年银行业加强流动性风险管理的重点

六、合规风险管理越来越关注"人"的问题

　　"合规"是银行业稳健运行的基本内在需求，也是商业银行文化的重要组成部分。2016年，各商业银行对合规风险的管理中越来越关注"人"的问题。调查显示，有69.5%的银行家认为应"加强员工行为监管；有66.4%的银行家认为应当"加强从业人员内控风险和执业操守教育培训"。"人"作为政策的制定者和执行者，在强化全面合规风险管理职能过程中的作用最为关键，也是任何良好的内部控制设计发挥效果不可或缺的环节，因此需要特别加强对员工的培训和监管。

　　有59.4%的银行家认为应"建立有效的'防火墙'隔离制度"。"防火墙"制度的产生，主要就是为了防止各部门各环节之间的违规操作导致的风险传导。内部"防火墙"负责不同业务、机构之间的风险隔离，外部"防火墙"则重点防范外部风险源，通过信息报送，对潜在的外部风险及其影响进行预判。值得注意的是，"加大违规行为的处罚力度"这一选择从2015年占比73.5%降至2016年的33.4%。由此可见，相比于事后问责，银行家越来越注意防微杜渐，从源头防控和解决风险。

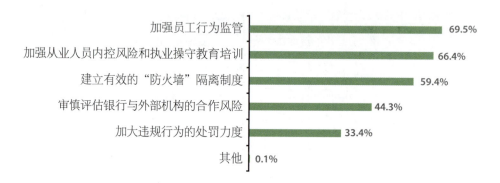

图4-11　2016年银行业加强合规风险管理的重点

　　此外，有44.3%的银行家认为应"审慎评估银行与外部机构的合作风险"。随着银行业务转型的加快，与外部机构合作日益增加，泛亚、e租宝等大规模群体性风险事件爆发也使得多家银行受到牵连。由此可见，银行更需要审慎评估与外部机构的合作风险，杜绝违规承诺、飞单等现象，防止风险跨市场、跨行业传染。

七、境外运营风险管理更关注风险识别判断

境外业务是中国银行业当前及今后一项具有战略意义的工作，今年连续发生反洗钱受到调查和处罚等几起境外运营风险事件，加强境外运营风险管理迫在眉睫。调查显示，50.9%的银行家认为应该"加强风险的识别判断"。对境外运营风险的识别判断主要有三个方面：一是在境外新设立分支机构时，需要对当地的政策、法律、市场环境等进行充分的了解和识别；二是对每个客户、每笔业务都需要有充分的了解，意味着银行需要对客户开展尽职调查，防止盗窃欺诈、洗钱和非法融资；三是和境内机构业务联动时可能存在交叉盲区，需要及时识别。

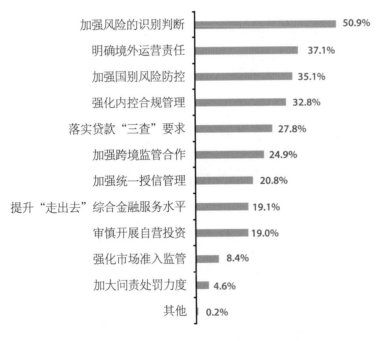

加强风险的识别判断	50.9%
明确境外运营责任	37.1%
加强国别风险防控	35.1%
强化内控合规管理	32.8%
落实贷款"三查"要求	27.8%
加强跨境监管合作	24.9%
加强统一授信管理	20.8%
提升"走出去"综合金融服务水平	19.1%
审慎开展自营投资	19.0%
强化市场准入监管	8.4%
加大问责处罚力度	4.6%
其他	0.2%

图4-12 2016年银行业境外运营风险管理的重点

八、权责明晰的内部控制组织体系最受关注

2014年9月颁布的《商业银行内部控制指引》强调，"商业银行内部控制应当贯穿决策、执行和监督全过程"。调查显示，55.4%的受访者认为"构建权责明晰的内部控制组织体系"是完善银行内部控制的重点。完备的内部控制体系是银行内控的底层架构和基础建设，具有重要的作用。48.8%的银行家认为应该"建立严格的制度落实监督考核机制"。建立一套行之有效的内部控制制度固然重要，但同时需要所有人严格遵守，这就同时需要一套监督考核机制，保证全体人员的操作合规。此外，46.7%的银行家认为"加强内控文化的建设"是完善银行内控的重点。银行的风险分布于银行的所有工作岗位，这种分散化性决定了每一个业务点都是风险点，要让合规的观念和意识渗透到每个员工的血液中，才能有效控制内部风险，确保业务发展不偏离目标。

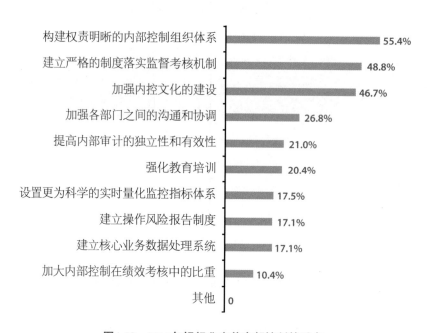

图4-13 2016年银行业完善内部控制的重点

九、票据业务和信贷业务是2016年案件风险排查的重点

近年来，银行业风险案件频发，对银行业的健康发展产生不利的影响。究其原因，有69.2%的银行家认为"银行重业绩、轻管理，忽视内控管理"是造成银行业风险案件频发的最主要原因。2016年5月，5家银行为了追求业绩进行违规操作，受到监管部门的处罚。这背后既有不同银行考核机制"重短期"的问题，同时也是整个行业环境使然。同时，40.5%的银行家认为主要原因是"相关业务制度流程存在漏洞"，38.5%的银行家认为是"管理松懈，制度不落实"。

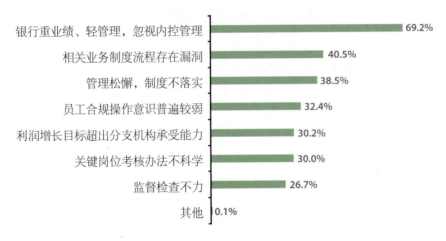

图4-14 近年银行业风险案件频发的原因

对于2016年案件风险排查的重点，74.7%的银行家认为是票据类业务，70.9%的银行家认为应该聚焦信贷类业务。2016年票据类业务超越传统的信贷业务，成为银行家最为关注的风险排查重点。近一年多来，多家银行爆发票据业务案件，且普遍涉及金额较大，使得银行家对于票据业务风险的关注明显提升。而55.8%的银行家认为应该重点排查员工异常行为，因为近期多起风险事件发生的根本原因都在于银行员工的道德风险以及操作风险，因此需要对员工的异常行为进行重点排查。

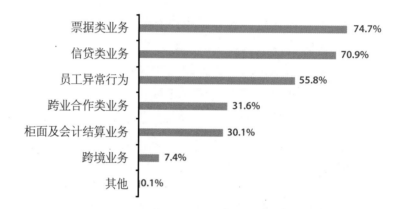

图4-15 2016年案件风险排查的重点

访谈手记之五

中国工商银行首席风险官王百荣谈不良资产处置及"债转股"

课题组：目前贵行信贷机构的整体情况如何（对公/零售、行业分布、地域分布等）？不良贷款高发行业和地区的贷款情况和不良暴露情况如何？未来会如何调整信贷结构？

王百荣：工行不良贷款的结构具有以下特征：一是不良贷款分布与地区经济结构关联度较高。工行不良贷款主要分布在珠三角地区、长三角地区和环渤海地区，另外部分资源经济生产总值占比较高的省份不良贷款压力也相对较大。

二是境内公司不良贷款主要集中于批发零售业和制造业两个行业，其他行业贷款资产质量保持稳定。从行业看，工行境内公司贷款中，批发零售业与制造业的不良贷款率较高，其中批发零售业不良贷款客户主要集中于矿产品、建材及化工产品批发等细分行业，制造业不良贷款客户主要以中小企业为主，其他行业公司贷款不良率基本保持稳定。

三是境内个人不良贷款主要为个人经营性贷款，其他类型贷款资产质量保持稳定。境内个人贷款中，个人经营性贷款不良率较高的原因主要是部分借款人经营性收益下降，个人按揭贷款资产质量保持稳定。

未来工行信贷结构调整的目标与举措主要包括以下几个方面：一是工行将按照信贷投放的整体安排，把握信贷进退的方向和目标，加强信贷总体布局和顶层规划设计，进一步加大对供给侧结构性改革的支持力度。二是继续突出城市发展战略，推进重点项目实施，支持区域市场拓展和前沿业务营销，抓好重点城市业务发展、重点项目拓展、重点经济带调整和新市场拓展的支持政策落地。三是加强普惠金融，特别是加大对小微企业、实体经济的支持力度；支持传统制造业的升级换代，加大对"中国制造2025"、"走出去"等项目的投放力度。

课题组：您认为当前导致中国银行业不良资产快速上升的主要原因有哪些？中国银行业的整体不良是否已经得到充分暴露？贵行的不良情况是否已经充分暴露？

王百荣：一是宏观经济处于下行阶段。伴随经济增速的持续下滑，结构性改革和去产能、去库存、去杠杆步伐的加速推进，部分企业出现生产经营困难，无法按时归还银行贷款本息，不可避免地使银行形成部分新增不良贷款。同时，目前我国信用与法律环境尚不健全，客户违约成本相对较低，部分有还款能力的客户缺乏还款意愿，也对银行贷款形成了威胁。

二是过度融资埋下企业信用风险的伏笔。过去几年，受经济政策刺激、银根放松、民间融资活跃及房地产市场高企等因素的影响，部分企业投资扩张冲动不断增强。尤其东南沿海等部分地区，企业联保联贷、多头融资、过度投资、脱实向虚等情况较为普遍。步入经济下行期后，企业普遍进入"去财务杠杆"阶段，很多企业的主业收入无法还本付息，导致企业贷款，尤其是小微企业贷款持续劣变。

三是部分地区违约风险呈链式特征。部分地区受当地房地产价格回落、过度融资、联保互保盛行等因素的交叉影响，整体信用环境未见明显好转。借款企业资金链断裂、被迫担保代偿、抵押资产大幅减值变现困难，引发信用风险链式反应。

四是借款人还款意愿不足。在个别区域，由于各金融机构的违约客户比较集中，处理诉讼周期较长，导致产生示范效应，部分客户不再积极配合银行办理相关手续，采取拖延等方式逃避银行债务。

五是不良贷款处置难度加大。企业不良贷款，尤其小微企业大多存在行业集中、关联关系复杂、过度融资、过度投资、民间借贷等特征，发生违约后，贷款企业多数抵押物和其他资产已遭查封，贷款清收处置难度较大，受偿率较低。

目前，外部市场上对中国银行业不良贷款率的估算存在质疑。从工行资产质量分类情况来看，分类结果是真实客观的，不良贷款率远低于外界猜测的水平。主要依据如下：

一是国内大型商业银行的贷款质量分类结构已经过国际四大审计事务所严格审计。审计过程中，审计抽取的样本范围涵盖了制造业、批发零售等风险高发行业，包括了产能过剩行业、重点地区、重点风险产品等高风险领域；审计事务所派驻了审计人员严格履行现场审计职责，做到了审计程序严谨、审计结果客观。

二是工行资产质量分类管理工作严格执行我国银监会相关政策制度管理要求，同时符合国际通行的资产质量分类管理标准。

三是工行有能力保持信贷资产质量稳定。虽然面临经济增速放缓、经济结构调整深化、产业转型加速、企业资金流趋紧、银行资产质量持续承压等困难局面，但工行始终致力于加强信用风险管理，仍有较高的拨备、较好的盈利水平、充足的资本实力，有能力消化当前及今后一段时期不良贷款，保持贷款质量基本稳定，确保风险可控。

课题组：贵行处置不良资产的主要方式和途径是什么？效果如何？是否会考虑新的不良资产处置方式，如不良资产证券化？您认为不良资产证券化能否在银行业大范围内推广？

王百荣：工行目前清收处置不良贷款的基本方式为常规现金清收、重组转化、以物抵债、常规呆账核销、批量转让等五种方式。

常规现金清收。即通过日常催收、协议清收、账户扣收、诉讼催收、抵（质）押物处置变现、保证人与抵（质）押人代偿、还款免息等处置方式收回现金，是不良贷款清收处置中最常用、有效的方式。但实际工作中，现金清收的成效往往受制于借款人经营状况、还款能力、保证人代偿意愿与能力、抵质押物状况、司法机关执行力度等多种因素制约。

以物抵债。在借款人无法用货币资金偿还债务，担保人也无力以货币资金代偿，经工行与借款人、担保人或第三人协商一致，或经法院、仲裁机构裁决，借款人、担保人或第三人以实物资产或财产权利作价抵偿工行债权。以物抵债的优点是能快速压降不良，实现不良贷款拨备回拨，增加当期利润。但也存在抵入、处置过程中税费较多，被动接收资产大多存在评估价值虚高、资产难以处置等瑕疵，资产接收后管理难度较大，以及处置损失较高、变现时间较长等缺点。

重组转化。即通过债务重组方式转化。优点是清收处置成本较低，缺点在于存在反复劣变的可能。

呆账核销。核销的优点在于可以继续追索债权；缺点在于损失较大，影响商业银行利润，核销时需要的外部辅助证明资料较多，处置时间较长。

批量转让。将不良资产进行组包后，向四大金融资产管理公司和地方资产管理公司批量转让。优点在于金额大、速度快，能快速压降大量不良贷款。缺点是受让不良资产金融资产管理公司范围有限，不良资产转让市场买方特征突出，处置价格偏低，很难充分合理地反映不良资产的公允价值，商业银行损失较大。

在政策允许的范围内，工行积极探索、运用创新手段处置不良贷款。2016年2月1日，人民银行启动不良贷款证券化试点工作后，工行申报了100亿元发行额度计划。目前，首单"工元2016年第一期不良资产证券化"项目已于2016年9月23日成功发行。近期，工行还将启动个人不良贷款、银行卡透支不良贷款证券化项目。

不良贷款证券化为商业银行加快处置不良贷款提供了新的渠道，证券化后，商业银行留存劣后级的预期收益、委托清收处置获取的服务费，以及超额收益分成等设计，在一定程度上提高了处置回收率。同时证券化产品面向银行间债券市场合格投资机构发行，相比于批量转让处置方式，有效拓宽了投资人渠道，有利于资产公允价值的发现，实现不良债权企业的整合优化。总体而言，不良资产证券化对于商业银行处置不良贷款，尤其是个人贷款、信用卡透支等处置手段相对单一的不良贷款，具有积极意义。

但是，从目前试点阶段情况看，要利用好这一渠道，也存在一些现实困难：一是估值定价困难，特别是逐户测算不良贷款回收时间与回收金额难度较大；二是回收率偏低，商业银行当期财务压力较大；三是销售市场，特别是劣后级销售可能存在困难，具备不良资产风险评估能力的投资者市场需要进一步培育；四是存在一定的法律和声誉风险，在出现兑付风险时，商业银行可能面临投资者要求赔偿甚至被诉等风险。

课题组：您如何看待"债转股"作为不良资产处置手段的效果？贵行是否会主动推动"债转股"项目，难点有哪些？如果"债转股"后，是否会参与到企业经营过程中？"债转股"能否在银行业大范围推广？

王百荣：第一，根据目前国家相关政策和监管部门要求，"债转股"要遵循市场化和法制化原则。按此原则，"债转股"适合的目标企业需具备以下特征：一是产品尚有一定竞争力；二是虽然经济下行周期中企业经营出现了问题，但经济好转后有能力恢复盈利。不良贷款客户参与市场化"债转股"相对困难。不良贷款企业日常经营大多存在重大问题，当期现金流枯竭，转股之后股权缺少投资价值，难以得到投资者认可，因此，企业"债转股"后往往难以通过市场化方式募集到社会资金参与投资。

第二，工行正在按照国家相关政策和监管部门要求积极开展"债转股"业务。目前，工行已成立了"债转股"专业工作团队，并筛选、储备了部分目标客户，预计年内将会有具体"债转股"项目落地。工行的"债转股"工作将在"去杠杆、降成本"的过程中发挥出应有的作用。"债转股"的难点有以下几个方面：一是对商业银行当期利润冲击较大。愿意参与"债转股"的企业多为当期财务压力过大、影响正常经营的企业，因此企业"债转股"折价可能性较大。即完成企业"债转股"后，商业银行原本持有的债权不能完全偿还，债权损失要在当期核销，这将对商业银行当年的业绩产生较大影响。二是对商业银行资本金消耗很大。根据目前监管规定，完成"债转股"后，若商业银行持有企业股权，所持股权的资本金占用较高，对商业银行资本充足率的影响较大。三是企业多家债权人的协调时间较长。"债转股"企业往往有多家金融债权人，实施"债转股"需要各家金融债权人协调一致，各家债权人因各自债权的抵（质）押情况不同，面临的风险状况也不同，彼此达成一致时间较长。四是从市场情况看，银行理财产品的刚性兑付尚未打破。本轮"债转股"采用市场化退出方式，风险与收益相匹配，并且，银行理财产品是"债转股"资金募集的主要渠道。在不打破理财产品

刚性兑付的环境下，超额收益与投资风险的承担主体不统一，社会投资者可以分享股权投资的超额收益，但商业银行将承担股权投资失败的风险。五是国有企业参与"债转股"，涉及国有资产评估、国有股权转让、增发等相关事项，均需企业主管部门审批，相关企业的主管部门、尤其地方国有企业主管部门的参与意愿、审批效率都是全面推广"债转股"需要关注的问题。

第三，实施"债转股"后，商业银行作为"债转股"目标企业股东，应该按持股情况向转股企业派驻管理人员，参与企业经营管理。但经营管理工商企业不是商业银行的强项，而且随着转股企业增多，商业银行也很难派出足够数量的管理人员参与企业管理。

课题组：贵行提前判断信贷潜在风险的指标有哪些？通过何种内控方式提前预防不良？

王百荣：工行定期对存量信贷客户及新建立信贷关系客户进行风险排查，对存在潜在风险的客户提早采取措施，防范风险。按照排查因素分类，工行主要从贷款企业自身风险、关联企业及交易对手风险两个维度进行风险排查。

对于贷款企业自身风险，重点从行业、产品、企业经营管理等方面对客户进行风险排查。同时重视通过人行征信信息、负面新闻、失信未结案等外部风险信息的搜集与分析，对客户风险进行判断。对于关联企业及交易对手风险，主要通过分析同违约关联企业或交易对手的融资担保关系，判断企业风险程度。

面对信用风险集中暴露的局面，银行风险管理难度增大，原有的信贷管理体制机制和风险监

控体系有些方面已经不能满足当前风险防控的需要，需要通过多种方式推动信贷风险防控的前置化安排。

一是抓好信贷经营与管理的顶层设计，重塑符合时代发展要求的信贷文化。信贷顶层设计和经营理念必须要与经济发展阶段相匹配。总体来看，宏观经济与商业银行高增长时期形成的信贷经营理念、政策制度、体制机制和系统流程有些已经不适应新常态下的风险管理要求。商业银行必须加快构建经济新常态下的信贷经营管理机制，坚持风险导向，建设稳健审慎的信贷文化，这样才能夯基固本，守住信用风险管理的底线。

二是深化和完善风险监控体系，建立事前预警、事中控制、事后监督的监控流程。过去的信用风险管理实践证明，仅从结果上进行监督或进行事后监测难以有效防控风险的发生，风险出现的原因多在于过程存在问题，信贷业务执行是否规范、信贷人员是否尽职履责，是风险防范的关键。尤其在当前经济形势下，只有建立信贷业务事前、事中、事后全流程监控体系，防止"病从口入""带病运行"，才能从根本上防止信贷资产最终的"病发"劣变。

三是加强信息技术应用与创新，提升信用风险监控的科学化水平和监控效率。在银行信贷规模体量巨大、客户结构深刻变化、企业经营业态错综复杂的情况下，传统的通过人的经验判断显然不能满足当前银行风险管理的需求。银行必须以先进信息技术架构为前提，以大数据分析和挖掘为基础，加快信息化银行建设，推进全行信用风险管理体系由经验管理向数据分析管理、由分散管控向集中管控的方向发展。对银行而言，应

以客户信息为核心，一方面要充分利用自身存储的巨大体量的客户信息数据库，另一方面还可以积极整合客户的工商、税务、海关等外部数据，打破数据边界。只有充分利用内部与外部两个数据库，才能解决客户信息不对称问题，进而高效、准确地把握客户信用风险。

课题组： 您认为目前商业银行解决不良处置最主要的内部能力建设有哪些？

王百荣： 把控和缓释风险能力：一是紧紧围绕经济转型升级、提质增效的总体要求，按照国家发展战略和政策导向把握信贷投向，通过贷款的结构调整夯实信贷资产质量的基础，止住新的"出血点"。二是优化信贷经营体制机制，推进信贷经营管理转型升级。针对当前经济形势下不同行业、不同产品的风险特征，做好适应"新常态"的信贷体制机制的顶层设计，在推进业务发展的同时，有效防控贷款风险。三是加强风险监测和控制。加快大数据和信息化技术在信贷管理领域的应用，加强对潜在风险的排查会诊和安全加固，及时有效地识别风险、化解风险，不断提高信用风险防控水平。四是建立前、中、后台风险齐抓共管机制。将信贷资产质量管控工作的重点前移，建立前、中、后台风险齐抓共管的工作机制，组织前、中、后台联动协作化解风险，提高化解成效。

不良贷款处置能力：要全面摸底，充分估值，分类组合，创新处置，提升受偿回收率。一是在不良贷款清收处置工作中，积极转变观念，改变以往将不良贷款处置看做卸包袱、过多依赖核销资源的做法，将不良贷款作为一种资源经营管理与运营提效。二是加强处置人员队伍建设，

成立专门的清收处置队伍，推动不良贷款控制与处置工作的专业化经营。三是运用各种政策、处置手段，提高处置效益效率。充分利用催收、诉讼执行、重组转化、还款免息、以物抵债等常规处置手段，提高拨备资源对不良贷款清收处置的撬动比。对常规方式难以取得处置成效的不良贷款，在做好转让资产选择与价值评估基础上，实施批量转让处置工作。四是探索运用创新方式，加快不良资产清收处置。对存在股权变更、资产出售、出租等契机的，积极引入投行、重组基金等方式实施对企业的救助，盘活银行债权，改变以往一形成不良即起诉、处置企业资产的简单做法。积极试点和推动不良贷款证券化项目，争取通过证券化方式处置一批不良贷款。充分利用债委会工作机制，各债权人采取一致行动，商谈确定重组方案，谋求互惠互利、合作多赢。五是与地方政府加强合作。推动各级政府统筹运用各类资源，建立政银企合作机制，通过设立产业发展基金、资源整合基金等方式，参与本轮商业银行不良资产处置创新工作，化解区域金融风险，实现互惠互利、互促互进、合作多赢。

课题组：您对目前商业银行不良资产处置有哪些政策建议？

王百荣：第一，加强信用体系建设，巩固和完善法制环境。一是建立信息共享平台，降低信息不对称。整合分散在各金融机构、工商登记、税务应税、海关报关、水电煤气、公检法等部门的信息，形成共享，推动金融机构整合信息，多维度甄别客户，降低整体信用风险。二是建议加快立法，严厉打击和制裁逃废银行债务行为，为

企业经营、银行发展建立良好的信用环境。三是提高法律案件的立案审理和执行效率，提高银行通过法律手段清偿的效果。

第二，建立政银企协调机制，在企业改制过程中充分考虑和维护银行权益。当前民间融资、企业资金断链、担保圈等风险仍然较为突出，一些金融风险如不能及时处置，可能出现蔓延扩散。建议当地监管部门协助政府相关部门，加强统一组织协调，通过建立由政府主导的风险化解基金、产业基金等模式，为企业资金过桥、解圈、脱困，避免出现区域性系统性风险。当前，一些债务人存在通过借企业改制、重组、破产之机，转移资产等逃废银行债务行为。如果不能充分考虑银行权益，有效遏制企业的逃废债行为，将有可能产生"破窗效应"，引发更多的债务违约，对银行经营形成更大冲击，将影响整体经济和金融安全稳定。

第三，进一步拓宽商业银行不良资产处置渠道，优化市场化经营环境。一是减少转让限制。将不良资产批量转让的受让对象范围扩大至全社会合格机构投资者，并允许单户不良贷款通过市场化方式对外转让。在贷款本息无损失的情况下，允许商业银行对外协议转让。二是建立更为开放的市场化处置环境。放宽商业银行减免不良贷款欠息条件，或授权商业银行根据实际情况自主减免贷款欠息。建议出台更多个人客户不良贷款清收处置政策。允许银行参与设立实体或基金，参与不良资产处置市场。三是降低涉及银行不良资产清收处置中过户、清算、抵债等过程发生的税款，降低不良资产处置成本。

第五部分
人力资源与财务管理

当前，中国经济进入新常态。在宏观经济增速放缓、监管规范不断加强、利率市场化、金融脱媒和互联网、大数据等浪潮的多重冲击下，中国银行业面临净息差不断收窄、传统经营模式难以为继。在此背景下，中国银行业人员流失现象较为明显，如何引进并留住人才是人力资源管理面临的一个紧迫问题。同时，如何加强资产负债管理，控制风险，实现收益最大化，也是中国银行业面临的一大挑战。此外，金融业"营改增"试点于2016年5月1日正式实施，"营改增"究竟会给银行业带来哪些影响，也是业界普遍关心的话题。

一、未来银行业人才引进大于流出，经营管理人才多引进，基层管理人员多流出

从银行业近年来整体人员流动来看，人才引进的比例大于流出（75.5%：24.5%）。从具体引进人才对象看，在经济下行背景下，对经营管理人才（84.2%）、高级管理人员（83.3%）以及专业技术人才（80.4%）这三类人才的需求更大，对于基层管理者以及操作技能人员这两类人才的引进需求相对偏弱。

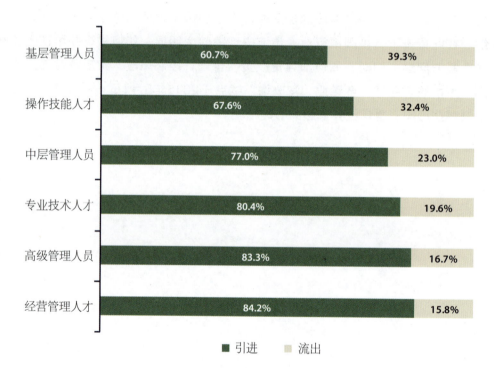

图5-1　中国银行业各类人才引进与流出对比

二、个人晋升空间的大小是银行业能否留住 人才的关键

对中国银行业吸引并留住人才和人员辞职的主要因素的调查结果显示，个人晋升空间的大小均排在第一位，占比均约为半数。这一调查结果看似前后矛盾，却揭示了中国银行业人才流动的症结所在。职位的晋升对于员工的职业发展至关重要，银行家自然也把它当做招揽人才的主要因素。但从实际情况来看，对职位晋升的诉求得不到有效满足恰恰成为了员工离职的主要原因。

除此之外，在中国银行业吸引并留住人才的主要因素中，排第二位和第三位的分别是职业能力提升快和工作稳定性高，占比分别为45.5%和40.7%。相应地，职业能力提升慢和工作稳定性差也并不是员工辞职的主要原因，占比分别为29.0%和6.4%，排第四位和第七位。可见，中国银行业工作的稳定性和对员工职业能力的培养得到了较为普遍的认可。

在中国银行业员工辞职的主要原因中，排第二位和第三位的分别是工作压力大和薪酬待遇差，占比分别为44.9%和42.8%。相应地，工作压力小和薪酬待遇丰厚也并不是中国银行业吸引并留住人才的主要因素，占比分别是7.6%和23.7%，排末两位。可见，工作压力大是银行家对中国银行业工作的共识，而薪酬待遇难以与之匹配，也成为银行员工辞职的主要原因之一。这与近年来中国银行业利差逐步收窄、经营压力逐步加大、风险问题频频暴露，不少银行通过降薪等措施控制成本、推进自身转型发展的经营策略有关。

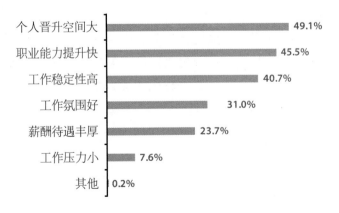

图5-2　中国银行业吸引并留住人才的主要原因

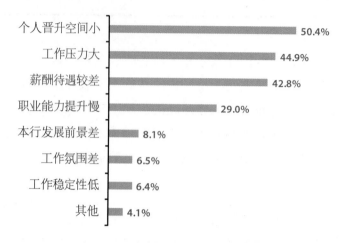

个人晋升空间小 ████████████████ 50.4%
工作压力大 ██████████████ 44.9%
薪酬待遇较差 █████████████ 42.8%
职业能力提升慢 █████████ 29.0%
本行发展前景差 ██ 8.1%
工作氛围差 █ 6.5%
工作稳定性低 █ 6.4%
其他 █ 4.1%

图5-3　中国银行业人员辞职的主要原因

　　比较不同类型的银行，调查结果显示，从吸引并留住人才的角度看，股份制商业银行在个人晋升空间及薪酬待遇方面具有比较优势，占比分别为54.6%、31.3%，而政策性银行在这两方面相对较弱，占比分为别21.1%、11.3%；在工作稳定性方面，政策性银行最为稳定，占比为73.2%，其次是大型商业银行（60.4%），而股份制商业银行稳定性较低，占比为23.6%。

　　从人员辞职的角度看，与前面分析较为一致，大型商业银行人员的辞职原因更多的是因为薪酬待遇较差以及个人晋升空间小（分别为68.1%、53.3%），这方面占比较小的是股份制商业银行（分别为31.5%、47.0%）。而因为工作压力辞职占比最多的是股份制商业银行（56.3%），最少的是政策性银行（26.8%）。

　　可见，大型商业银行及政策性银行更具有稳定性、工作氛围更好。虽然面临银行业整体降薪的趋势，但是股份制银行及区域性城商行的薪酬待遇更具有优势，且这些类型的银行具有更好的个人晋升空间，有助于员工职业生涯的发展。

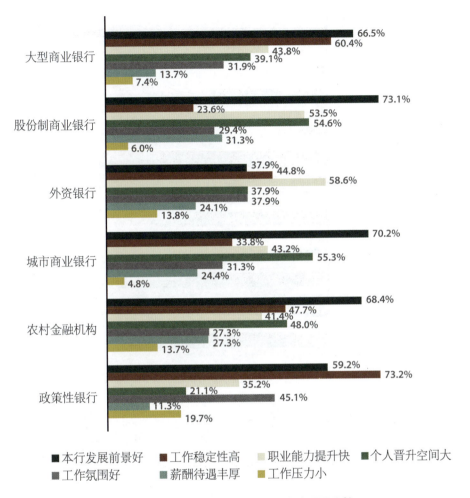

大型商业银行
- 66.5%
- 60.4%
- 43.8%
- 39.1%
- 31.9%
- 13.7%
- 7.4%

股份制商业银行
- 73.1%
- 23.6%
- 53.5%
- 54.6%
- 29.4%
- 31.3%
- 6.0%

外资银行
- 37.9%
- 44.8%
- 58.6%
- 37.9%
- 37.9%
- 24.1%
- 13.8%

城市商业银行
- 70.2%
- 33.8%
- 43.2%
- 55.3%
- 31.3%
- 24.4%
- 4.8%

农村金融机构
- 68.4%
- 47.7%
- 41.4%
- 48.0%
- 27.3%
- 27.3%
- 13.7%

政策性银行
- 59.2%
- 73.2%
- 35.2%
- 21.1%
- 45.1%
- 11.3%
- 19.7%

■本行发展前景好　■工作稳定性高　□职业能力提升快　■个人晋升空间大
■工作氛围好　■薪酬待遇丰厚　■工作压力小

图5-4　不同类型银行吸引并留住人才原因比较

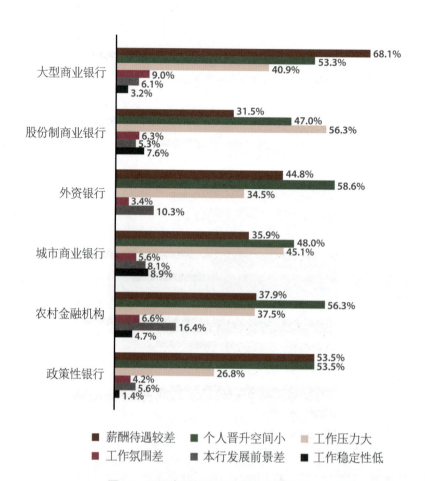

大型商业银行
68.1%
53.3%
40.9%
9.0%
6.1%
3.2%

股份制商业银行
31.5%
47.0%
56.3%
6.3%
5.3%
7.6%

外资银行
44.8%
58.6%
34.5%
3.4%
10.3%

城市商业银行
35.9%
48.0%
45.1%
5.6%
8.1%
8.9%

农村金融机构
37.9%
56.3%
37.5%
6.6%
16.4%
4.7%

政策性银行
53.5%
53.5%
26.8%
4.2%
5.6%
1.4%

■ 薪酬待遇较差　　■ 个人晋升空间小　　□ 工作压力大
■ 工作氛围差　　■ 本行发展前景差　　■ 工作稳定性低

图5-5　不同类型银行人员辞职原因比较

三、大多数银行业人才流出的主要去向仍然是金融机构

调查结果显示，85.3%的银行业人员在辞职后选择金融机构。辞职后，自主创业的人员占30.5%，去往政府机关及监管部门的分别为20.7%和8.0%，还有一部分人员选择求学深造（15.4%）。可见，银行业人员在辞职后的选择仍然以金融机构为主，一方面，金融行业无论从职业发展前景还是薪酬待遇方面，与其他行业相比，具有较明显的优势；另一方面，金融行业的其他机构与银行业的工作、业务相关性更高，银行业人才流出后选择金融行业的较多。在政府大力倡导"大众创业、万众创新"的形势下，也有不少银行业人才在离职后选择自主创业。

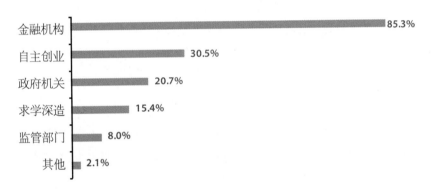

图5-6　中国银行业人才流出去向

四、未来一年资产配置仍以贷款及类信贷为主，负债来源以存款及银行理财为主

中国银行业的资产配置仍以传统信贷业务为主，调查显示，未来一年，中国银行业资产配置的重点仍然是贷款类资产和类信贷资产，占比分别达到65.1%和48.6%，但这两类业务的选择占比较2015年的77.3%和55.4%已有所下滑。

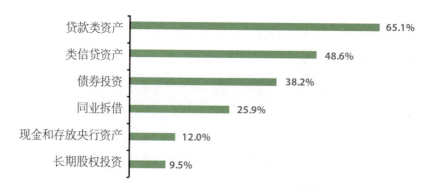

贷款类资产	65.1%
类信贷资产	48.6%
债券投资	38.2%
同业拆借	25.9%
现金和存放央行资产	12.0%
长期股权投资	9.5%

图5-7　2016年中国银行业的资产配置重点

比较不同类型银行，调查结果显示，政策性银行市场化程度低，其资产配置主要集中于贷款，选择其他资产的比例明显偏低；股份制商业银行、城市商业银行和农村金融机构资产配置相对多元化。其中股份制商业银行贷款资产（61.6%）和类贷款资产（60.6%）配置比例相差无几，城市商业银行和农村金融机构资产配置对债券投资（42%左右）偏好较大。

	大型商业银行	股份制商业银行	城市商业银行	农村金融机构	政策性银行	外资银行
A	73.1%	61.6%	59.2%	66.0%	85.9%	82.8%
B	50.1%	60.6%	50.9%	30.1%	25.4%	17.2%
C	34.6%	38.4%	42.3%	43.0%	9.9%	20.7%
D	21.6%	23.8%	25.8%	40.6%	7.0%	31.0%
E	9.5%	7.2%	13.1%	23.0%	2.8%	17.2%
F	6.9%	11.3%	9.4%	11.3%	9.9%	0

A 贷款类资产　B 类信贷资产　C 债券投资　D 同业拆借　E 现金和存放央行资产　F 长期股权投资

图5-8　2016年不同类型银行业资产配置重点比较

与往年调查结果一致，存款仍是中国银行业未来负债的第一来源（68.0%）。统计数据显示，中国银行业金融机构的负债中约有75%左右是存款，上述调查结果与实际数据相符。此外，理财（50.6%）和同业（45.1%）也逐渐成为中国银行业的重要负债来源。

存款	68.0%
理财产品	50.6%
同业业务	45.1%
同业存单	24.0%
发债融资	22.4%

图5-9　2016年中国银行业的负债来源

比较不同类型银行，调查结果显示，政策性银行和外资银行负债来源比较单一，主要依靠存款。城市商业银行对理财产品（60.8%）与存款（64.9%）依赖度相当。大型商业银行和股份制商业银行则和中国银行业整体表现较为一致，负债主要来源于存款、理财产品和同业业务。

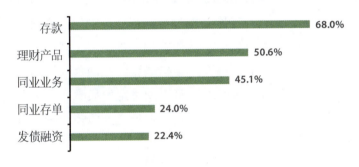

	大型商业银行	股份制商业银行	城市商业银行	农村金融机构	政策性银行	外资银行
A	70.4%	64.8%	64.9%	74.6%	70.4%	82.8%
B	46.7%	51.4%	39.4%	53.5%	19.7%	41.4%
C	18.7%	30.3%	23.9%	9.8%	31.0%	6.9%
D	19.5%	25.5%	25.7%	30.5%	4.2%	13.8%
E	58.0%	53.7%	60.8%	23.4%	9.9%	24.1%
F	0	0	0.3%	0.4%	2.8%	0

A 存款　B 同业业务　C 发债融资　D 同业存单　E 理财产品　F 其他

图5-10　2016年不同类型银行负债来源比较

五、利差显著缩窄是利率市场化对中国银行业资产负债管理最主要的影响

普遍认为，随着中国利率市场化进程深入推进，短期内银行存贷利差空间将会受到挤压。调查显示，利差显著缩窄是利率市场化对中国银行业资产负债管理最主要的影响（76.1%），该项比例显著高于其他。实际数据也反映了这一趋势，2016年上半年中国银行业净利差呈现同比收缩的趋势，其中以大型商业银行收缩幅度最为明显（净利差2.03%，下降0.32个百分点），其次是股份制商业银行（净利差2.10%，下降0.19个百分点）。另外，52.8%、48.3%和40.3%的银行家认为定价难度加大、利率风险管理难度加大和流动性风险管理难度加大是利率市场化带来的影响。事实上，利率市场化会深刻影响银行的资产负债结构，而包括资产结构调整、主动负债增加、表外资产增长等都会显著放大利率波动以及由此带来的重定价风险、基差风险。只有极少数的银行家（4.6%）认为利率市场化对银行资产负债管理没有影响或影响不明显。

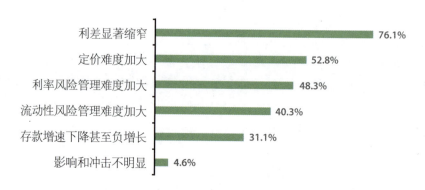

图5-11 利率市场化对资产负债管理的影响

比较不同类型银行，调查结果显示，各家银行的结果基本一致，利差显著缩减均为最大冲击和影响，其次为定价难度加大，而对利率风险和流动性风险管理难度加大以及存款增速下降也有相当程度的影响。此外，政策性银行和农村中小金融机构认为利率市场化对银行影响和冲击不明显的比重明显比其他银行要大，可能是因为政策性银行和农村金融机构市场化程度相对较低。

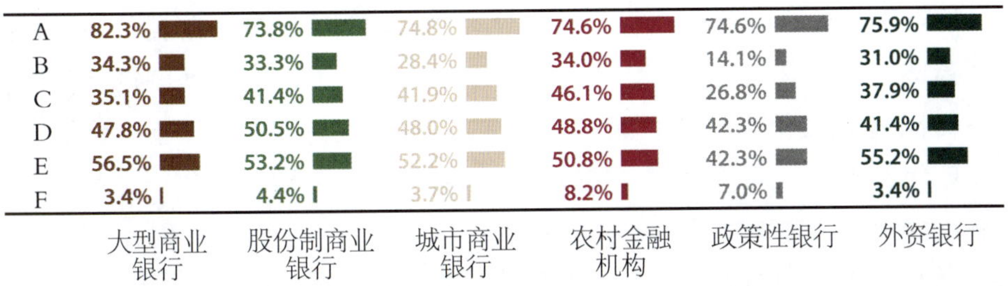

	大型商业银行	股份制商业银行	城市商业银行	农村金融机构	政策性银行	外资银行
A	82.3%	73.8%	74.8%	74.6%	74.6%	75.9%
B	34.3%	33.3%	28.4%	34.0%	14.1%	31.0%
C	35.1%	41.4%	41.9%	46.1%	26.8%	37.9%
D	47.8%	50.5%	48.0%	48.8%	42.3%	41.4%
E	56.5%	53.2%	52.2%	50.8%	42.3%	55.2%
F	3.4%	4.4%	3.7%	8.2%	7.0%	3.4%

A 利率显著缩窄　B 存款增速下降甚至负增长　C 流动性风险管理难度加大
D 利率风险管理难度加大　E 定价难度加大　F 影响和冲击不明显

图5-12　利率市场化对不同类型银行资产负债管理影响的比较

六、多数银行家积极评价"营改增"政策的可操作性，短期内减税效应不明显

调查结果显示，认为"营改增"政策"清晰明确，易于落实"的银行家占比最高，为39.3%。但也仅比认为"模糊地带较多，落实难度较大"的银行家占比高出7.3个百分点。而且，另有28.7%的银行家选择"不好评价"。这说明银行家对金融业实施"营改增"政策的解读还较为分化，"营改增"实施后的相关制度尚需进一步完善明确。

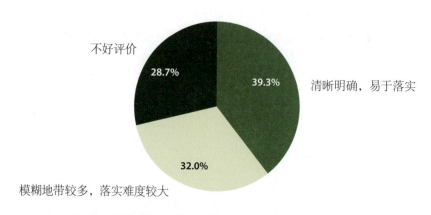

图5-13 银行家对金融业"营改增"政策可操作性的评价

在对中国银行业实施"营改增"后实际税负变化的判断中，认为税负将上升的银行家占比更高，达到39.4%，比认为税负将下降的银行家占比（17.9%）高出20多个百分点。这说明银行家对"营改增"短期内的减税效应并不十分看好。今年7月底的国务院常务会议上也指出，"营改增"试点全面推开后，各行业实际税负总体下降，但由于多种原因，有些金融企业税负增加。随着改革深入，政府要适时完善配套措施，做好政策解读和纳税服务，"营改增"减税效应将更大显现。

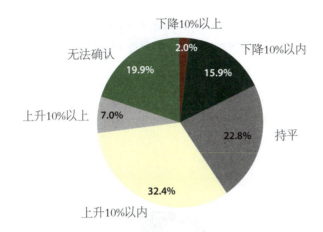

图5-14 银行家对实施"营改增"后中国银行业实际税负变化的判断

中国银行业实施"营改增",要求各家银行必须做好系统、培训、财务等方面的准备工作,这必然在短期内会带来多项成本的增加。银行家认为,其中成本费用增加最多的是系统改造成本(40.4%),其次是发票管理成本(30.7%)、人员培训成本(18.1%)和合同修订成本(8.2%)。可见,"营改增"需要银行业在系统改造上进行比较大的投入,而且会增加发票管理的难度。

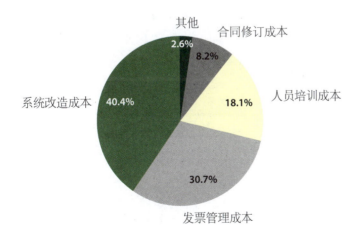

图5-15 实施"营改增"后银行业成本费用增加情况

由于"营改增"减税效应的不确定性和短期内成本的增加等因素的影响，认为实施"营改增"后中国银行业营业利润将上升、持平和下降的银行家占比分别为18.5%、28.1%和30.9%，此外有22.5%的银行家表示无法确认"营改增"后银行营业利润的变化。各项比例相差不是很大，说明银行家认为"营改增"对中国银行业营业利润的影响尚不确定。

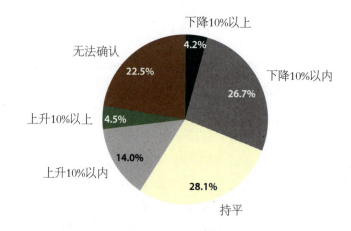

图5-16 银行家对实施"营改增"后中国银行业营业利润变化的判断

第六部分
互联网金融与信息化建设

  2016年，互联网金融领域的发展演变继续受到各方广泛关注。虽然创新依然是互联网金融领域最吸引人眼球的标签，但频频爆发的风险事件不断引发人们对互联网金融发展的理性思考。互联网金融作为"互联网+"战略在金融行业的具体落实，依托信息技术与平台优势，在提升金融服务实体经济效率方面发挥了重要作用，但归根到底互联网金融的本质仍是金融，平衡好风险与收益这一主题并未发生根本性变化。与此同时，互联网技术对银行业务的不断渗透、融合，对银行业信息化建设的理念与技术也形成了巨大影响。

一、银行家依然重视互联网金融发展

银行家重视发展互联网金融，调查结果显示，47.2%的银行家将互联网金融作为未来的发展重点将加大投入，占比最高；42.5%的银行家选择继续保持稳定的投入，上述两项的占比远高于选择暂不作为发展重点、暂不确定和减少投入的银行家占比。对比2016年与2015年的调查结果，选择互联网金融作为发展重点的银行家占比有所下降，而选择保持稳定投入的银行家占比有所上升，这可能与互联网金融发展由爆发式增长逐步转变为平稳发展、互联网金融领域风险暴露、银行家态度更加理性等因素相关。

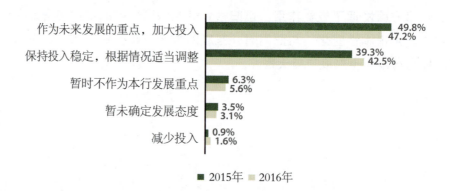

图6-1 银行家对互联网金融的发展态度

二、发展互联网金融可能面临的信息技术风险最受关注

信息技术作为发展互联网金融的重要依托，具有基础性影响。与此相应地，在互联网金融的技术应用研发、运营管理等方面潜在的信息技术风险受到银行家的高度重视。关于互联网金融发展相关风险的调查结果显示，56.4%的银行家选择"开发新业务系统所面临的信息科技风险"，占比最高；其次是法律定位不明确导致的法律风险（38.6%）和业务不熟悉导致战略决策失误风险（36.9%）。对比2016年与2015年的调查结果，仅有选择"部分互联网企业先发优势明显，面临激烈竞争"（33.4%）、"违法违规互联网金融企业传导形成的风险"（21.6%）的银行家占比出现下降，而选择其他风险的银行家占比均有所上升。一方面银行家日益认识到互联网金融领域蕴含的风险，对业务发展中面临的风险更加重视并加强风险防范，降低风险传染的可能；另一方面大量互联网金融企业出现问题，降低了对银行业务的竞争压力。

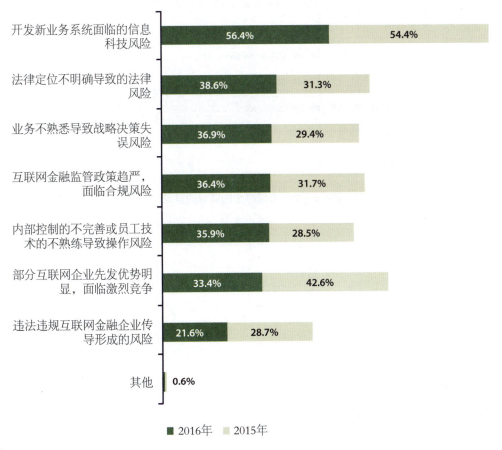

图6-2　商业银行在主动开展互联网金融业务中面临的风险状况

三、多数银行家认为加强互联网金融监管重在完善法规制度

随着互联网金融发展的深入，P2P平台"跑路"、股权众筹纠纷等问题愈演愈烈，部分长期积累的风险不断爆发。为有效防控互联网金融领域的风险，监管部门持续加大监管力度，出台完善相关法规制度，鼓励创新与防范风险并举。调查结果显示，从银行家角度看，超过六成的银行家（67.1%）选择"建立和完善制度法规"作为加强互联网金融监管的重点；其他重要方面包括"加强互联网金融信息披露"（49.7%）、"严格限定准入条件"（47.4%）、"加强跨业监管协调"（40.6%）等，也受到银行家的认同与关注。

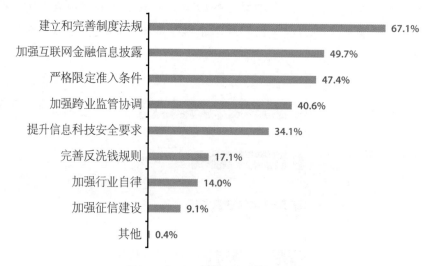

图6-3　加强互联网金融监管的重点

四、更多银行家认同信息化建设成效，未来科技投入稳中有增

银行信息化建设经过近年来大力发展，在推动经营转型方面成效日益显现，得到越来越多的银行家认可。调查结果显示，44.4%的银行家认为目前的信息化技术水平已经能够满足业务发展与管理水平提升的需要，25.2%的银行家认为信息化技术的发展已经成为驱动业务创新发展的重要因素，上述两方面比2015年的调查结果分别上升了4.0个百分点、2.8个百分点。与此相对，认为信息技术"仅能够满足现有业务经营与管理的需要"的银行家占比下降了5.4个百分点。这一定程度上反映了大部分银行家对信息化建设成效的肯定。

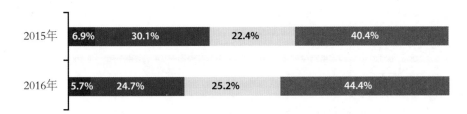

图6-4　中国银行业信息化建设的发展现状

关于未来三年银行信息科技建设投入的调查结果显示，57.6%的银行家继续保持投入稳定，会根据业务发展需要调整投入重点；40.2%的银行家会加速信息系统建设，大幅增加投入。调查结果与2015年相比，选择上述两项的银行家占比均小幅上升；而选择保持信息科技建设投入水平与结构不变、减少投入的银行家占比均出现下降，反映出银行家对信息科技建设的重视程度不断增强。

图6-5　未来三年银行信息技术投入情况

五、移动互联网及大数据受重视

受互联网金融发展浪潮的推动，超过七成（72.4%）的银行家选择移动互联网技术作为关注重点，继续位居各类信息技术的首位；在大数据技术日益成熟以及银行业在金融数据方面具备相对优势等因素的影响下，大数据技术同样受到银行家重视，占比达到64.1%，仅次于移动互联网技术。与此相对，银行家对区块链技术（7.8%）、社交网络技术（7.4%）、生物识别技术（7.0%）等关注程度较低，可能的原因是上述技术在银行业务中的应用场景尚不明确、清晰。

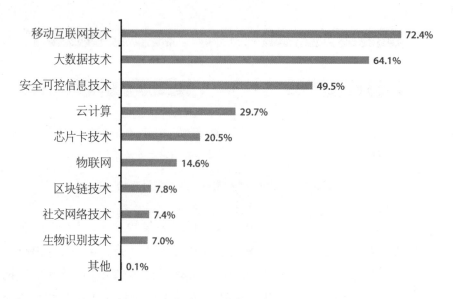

图6-6 银行家对信息化技术的关注程度

六、管理精细化、客户营销成为大数据重点应用领域

对于大数据技术的应用领域，调查结果显示，选择管理精细化、客户营销的银行家占比较高，分别为64.7%、62.4%，这一定程度上反映银行家对于提升经营管理水平、加大业务拓展的重视程度。选择将大数据技术应用于经营决策（46.5%）、产品开发（42.3%）的银行家占比相对较低，这可能与经营战略制定、产品开发等更依赖于银行专业人员的经验，以及相关数据完备性不足等因素相关。

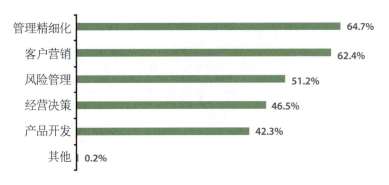

图6-7 大数据的主要应用领域

对于大数据技术应用过程中面临的主要问题，62.9%的银行家认为现阶段大数据技术主要受限于内部数据整合不够，这可能与不同业务条线化管理以及数据结构设计未充分考虑大数据技术应用需求有关。此外，53.6%的银行家选择外部数据可获得性较差、45.5%的银行家选择尚未掌握数据挖掘处理技术。

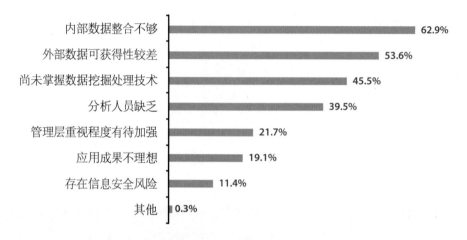

图6-8　大数据技术应用过程中面临的主要问题

七、区块链技术应用尚处于探索阶段，前景有待观察

伴随比特币受到市场追捧，其主要技术手段——区块链技术成为国内外广泛关注的热点。相关研究显示，区块链具有去中心化、时序数据、集体维护、可编程和安全可信等特点。区块链技术不仅可以成功应用于类似比特币等数字加密货币领域，同时在经济、金融和社会系统中也存在广泛的应用场景。本次调查将区块链技术应用区分为支付清算、数字货币、智能合约[①]、资产与认证管理以及其他方面。调查结果显示，75.4%的银行家认为可以用到支付清算领域，51.8%的银行家认为可以应用到数字货币领域，此外，认为可以应用到智能合约及资产与认证管理的分别占到48.9%及46.0%。

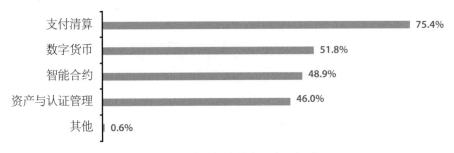

图6-9　区块链技术的主要应用领域

目前，虽然众多金融机构重视并开展了区块链技术与金融领域深入融合的研究，但尚未出现超越或类似比特币的广泛应用领域。调查结果显示，多数银行家认为区块链在商业银行中的应用还存在着很多障碍，前景尚有待观察。67.6%的银行家认为区块链技术在商业银行中的应用还不是很成熟，64.1%的银行家认为区块链技术与我国现有的监管模式不是很适应。此外，56.7%的银行家认为具体的应用领域及场景有待探索，36.8%的银行家认为实际操作层面的成本较高。

---

① 根据相关研究，智能合约是一组情景应对型的程序化规则和逻辑，是部署在区块链上的去中心化、可信共享的程序代码。通常情况下，智能合约经各方签署后，以程序代码的形式附着在区块链数据（例如一笔比特币交易）上，经P2P网络传播和节点验证后记入区块链的特定区块中。智能合约封装了预定义的若干状态及转换规则、触发合约执行的情景（如到达特定时间或发生特定事件等）、特定情景下的应对行动等。区块链可实时监控智能合约的状态，并通过核查外部数据源、确认满足特定触发条件后激活并执行合约。

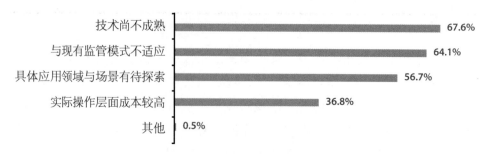

技术尚不成熟   67.6%

与现有监管模式不适应   64.1%

具体应用领域与场景有待探索   56.7%

实际操作层面成本较高   36.8%

其他   0.5%

图6-10   区块链技术在商业银行中应用所面临的主要问题

第七部分
公司治理

　　2016年对于中国银行业公司治理注定是不平凡的一年。银行高管限薪政策、混合所有制改革、员工持股计划等为银行公司治理的变革拉开了序幕。但是公司治理问题仍然是制约我国银行业现代化的难题之一，在我国仍存在着监管机制有待完善、股权市场化程度不足等问题。毋庸置疑，这些问题也引起了学界和业内的广泛关注，也将对中国银行业的公司治理产生深远影响。

一、银行公司治理水平整体提升，激励监督方式仍显不足

　　随着中国经济发展进入新阶段，商业银行转型变得越发迫切，其中完善现代化公司治理尤为关键。国内银行家愈发重视公司治理在银行业经营发展中的重要作用。与2015年的调查结果相比，对国内银行业公司治理现状的各项评价指标均有不同程度上升。其中：银行家对银行履行"社会责任"的评价最高（4.56分），体现了我国的银行业有较强的社会责任感；对"组织架构的健全性"的评价次之（4.44分），一定程度上反映出对目前国内银行健全公司治理架构相关实践的认可。

　　相对而言，银行家认为目前公司治理中的激励和监督机制的有效性不足，"激励和监督机制的有效性"获得的评价最低（4.17分），而去年评价较低的股权结构问题评价有所上升（4.23分）。一方面，在高管限薪政策出台后，银行面临着激励机制的匮乏，导致激励和监督机制的有效性不足；另一方面，随着以银行所有制改革的试水为标志，银行业开始涉足股权市场化并取得了一定的成绩，股权结构得到了一定改善。对比大型商业银行与区域性城市商业银行的调查结果，可以看出大型商业银行在各项的评分均高于区域性城市商业银行，尤其在组织架构的健全性、职责边界的清晰度、决策规则和程序的明确性以及激励和监督机制的有效性等方面均有显著优势，反映大型商业银行在公司治理方面的改革成效更为显著。

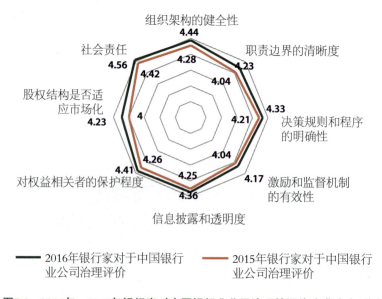

图7-1　2016年、2015年银行家对中国银行业公司治理的评价（满分为5分）

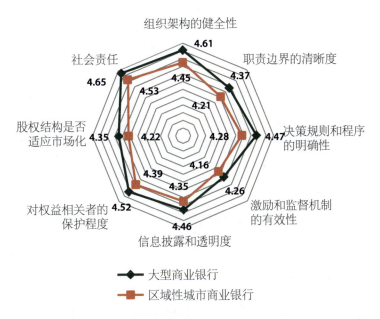

组织架构的健全性
4.61

职责边界的清晰度
4.37
4.45

社会责任
4.65
4.53

决策规则和程序的明确性
4.47

股权结构是否适应市场化
4.35

4.22
4.21
4.28
4.16

激励和监督机制的有效性
4.26

对权益相关者的保护程度
4.52
4.39

信息披露和透明度
4.46
4.35

◆ 大型商业银行
■ 区域性城市商业银行

图7-2　大型商业银行与区域性城市商业银行对比情况（满分为5分）

二、员工持股计划受到普遍肯定，但推广存在诸多问题

自2014年中国证监会出台《关于上市公司实施员工持股计划试点的指导意见》后，员工持股计划相关改革进程就备受业界普遍关注。调查结果显示，总计约87%的银行家对于该计划效果普遍持正面态度。银行家认为在银行业利润下降、高管限薪的背景下，员工持股对于保持团队的稳定性具有一定的正面作用。其中：43.2%的银行家认为将有效提高员工队伍的稳定性和工作积极性，应当大力推广；另有43.8%的银行家认为持股计划能在一定程度上提升经营能力，改善内部治理，可在部分银行推广。总体来看，银行家普遍肯定员工持股计划，认为其能够有效提升团队的稳定性，提高员工的工作效率，改善内部治理，员工持股计划或可成为银行业未来保留人才的普遍手段。

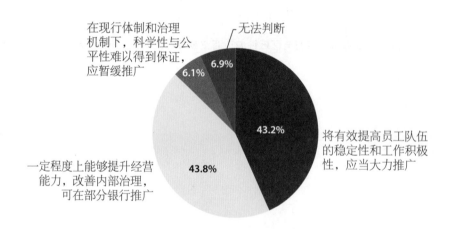

图7-3　银行家对于员工持股的评价

但员工持股计划改革推进也面临着多方面的阻力。招商银行于2016年8月24日晚发布公告称，招商银行2015年度第一期员工持股计划暂停实施，反映出我国的员工持股计划推进仍存在较多难题。调查结果显示，持股架构较难设计（46.2%）、股权估值及财务税务处理困难（45.5%）、监管政策限制（45.3%）、实际管理操作过于复杂（44.4%）是实施员工持股计划面临的主要困难。从内部来看，国内银行业在设计和处理持股计划的专业性方面有待加强；从外部来看，自2008年财政部下发"65号文"（关于清理国有控股上

市金融企业股权激励有关问题通知）后，商业银行股权激励处于停滞状态，虽然2014年开始破冰，但财政部关于国有控股金融企业员工持股管理办法尚未正式出台，在客观层面导致持股计划目前面临相应的问题。

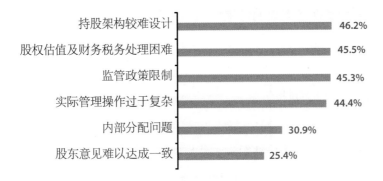

持股架构较难设计	46.2%
股权估值及财务税务处理困难	45.5%
监管政策限制	45.3%
实际管理操作过于复杂	44.4%
内部分配问题	30.9%
股东意见难以达成一致	25.4%

图7-4　银行家认为目前员工持股计划存在的困难

三、外部监管是对银行业最有效的外部约束

调查结果显示，与2015年调查结果整体保持一致，超过七成的银行家依然认为我国商业银行最有效的外部约束为政府部门和监管机构（76.5%），反映了政府部门和监管机构依然是最具权威性和有效性的外部约束。随着金融市场化改革的推进，来自市场约束的影响也十分明显，机构投资者（42.5%）、产品和服务市场（37.6%）、证券市场（32.6%）、经理人市场（24.9%）等均发挥了重要的约束作用。

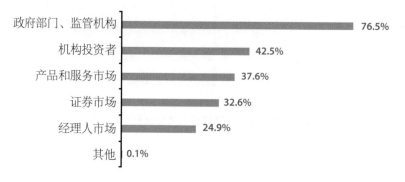

图7-5　2016年银行家对于外部约束有效性的评价

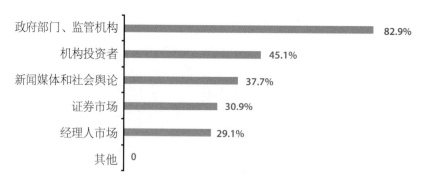

图7-6　2015年银行家对于外部约束有效性的评价

四、提升激励监督机制的有效性是公司治理中亟待解决的问题

调查结果显示，近五成银行家（48.7%）表示建立有效的激励和监督机制是当下银行公司治理最需要解决的问题，其次是明确党委、董事会、管理层的职权（16.8%）。选择减少行政干预的银行家占比为16.3%，与2015年的30.3%相比大幅下降，反映了银行家对我国的金融市场化改革对改善公司治理的成效表示认同。

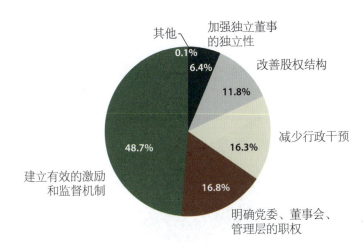

图7-7　2016年银行家认为商业银行公司治理需要改善的方面

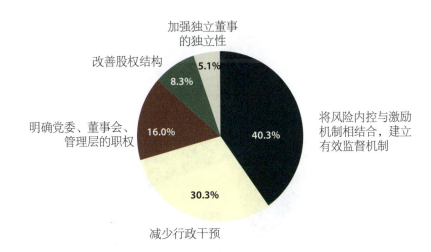

图7-8　2015年银行家认为商业银行公司治理需要改善的方面

五、高管限薪政策对银行公司治理带来一定挑战

自2015年1月1日《中央管理企业负责人薪酬制度改革方案》正式实施以来，限薪政策已经正式实施超过1周年，调查结果显示，有超四成的银行家（40.4%）认为高管限薪对公司治理带来了负面影响，与2015年相比上升了将近20%。认为有正面影响的银行家从2015年的30.3%下降至15.0%。调查结果反映了在金融行业市场化水平不断深化、银行利润大幅下降和其他金融机构"挖墙脚"的背景下，高管限薪对公司治理确实带来了一定的挑战。

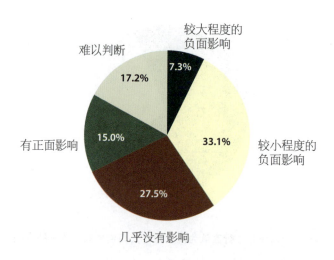

图7-9　2016年银行家认为高管限薪对公司治理的影响

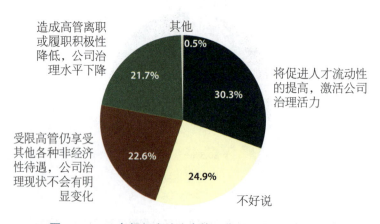

图7-10　2015年银行家认为高管限薪对公司治理的影响

第八部分
企业社会责任

　　承担社会责任对于银行提升自身社会信誉具有重要作用，同时这也是银行回馈股东、员工和金融服务消费者等社会各个群体的重要方面。近年来，我国银行业通过为社会经济发展提供资金支持和帮助，在社会责任领域作出了重大贡献。

　　但是银行业在承担社会责任方面仍然有较多不足，如银行承担责任领域较为集中、推广工作尚未普及，以及承担社会责任积极性不高等。银行业自身地位的重要性，决定了其在承担社会责任时受到更多关注，因此银行业还需要针对自身问题做出更多努力。

一、银行履行社会责任的领域受多种因素综合影响

商业银行履行社会责任的领域主要受社会需求、政府引导和战略目标的影响，占比均超过70%，社会舆论的影响则相对较小（23.1%）。这反映了国内商业银行根据社会需求，并兼顾自身战略目标定位和政府的外部引导，进行综合统筹，选择履行社会责任的领域。

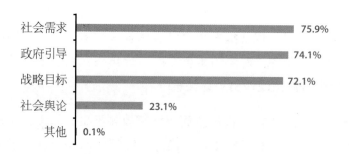

图8-1　银行承担社会责任领域的影响因素

同时，调查显示中部银行承担社会责任领域最重要的影响因素是政府引导（77.8%）。对于西部地区（77.1%）和东北地区（76.8%）的银行，最重要的影响因素均是社会需求。在东部地区，战略目标（77.9%）的影响力则强于其他因素。不同地区银行家关注点存在差异。

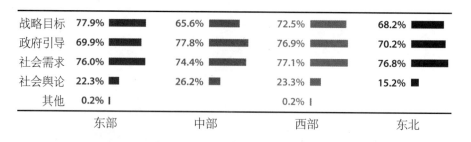

图8-2　各地区银行选择承担社会责任领域的影响因素

二、经济金融领域履行社会责任的重点方向是小微金融服务

针对小微经济这一中国经济发展中亟待提升的领域，银行业提供小微金融服务既是服务实体经济和响应国家政策的需要，也是近年来银行业转型的一个重要方向。大多数银行家表示将大力投入小微金融服务，占比达到73.6%。

同时，超过三分之一的银行都选择了承担社区金融服务、提升涉农金融服务水平、维护消费者权益以及绿色金融服务等方面的社会责任。扶贫金融服务由于商业持续性不强，银行业在政策约束之外缺乏帮扶激励，仅26.5%的银行将其作为社会责任主要领域。选择承担"大众创业，万众创新"这一社会责任工作的银行占比最低，仅为15.3%。创新创业的企业或项目处于起步阶段，盈利较少也难有抵押物进行贷款，银行对发展相关企业或项目较为谨慎。

图8-3　经济金融领域银行履行社会责任的主要方向

从区分的不同区域来看，东部地区有77.6%的银行偏向于服务小微，高于其他区域银行。这与东部地区小微企业集中存在密切联系。当地金融机构掌握更多信息，他们更愿意也更有能力提供支持。

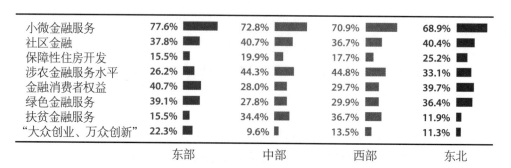

	东部	中部	西部	东北
小微金融服务	77.6%	72.8%	70.9%	68.9%
社区金融	37.8%	40.7%	36.7%	40.4%
保障性住房开发	15.5%	19.9%	17.7%	25.2%
涉农金融服务水平	26.2%	44.3%	44.8%	33.1%
金融消费者权益	40.7%	28.0%	29.7%	39.7%
绿色金融服务	39.1%	27.8%	29.9%	36.4%
扶贫金融服务	15.5%	34.4%	36.7%	11.9%
"大众创业、万众创新"	22.3%	9.6%	13.5%	11.3%

图8-4　各地区银行主要履行社会责任的领域

对比历年调查中，经济金融领域银行社会责任工作的重点方向，可以发现小微金融服务一直是银行选择的重点领域。同时，选择将社区金融服务、低碳金融、绿色金融服务工作作为承担社会责任重点的银行占比上升。但在维护消费者权益和提高涉农金融服务水平方面，银行的重视程度略有下降。

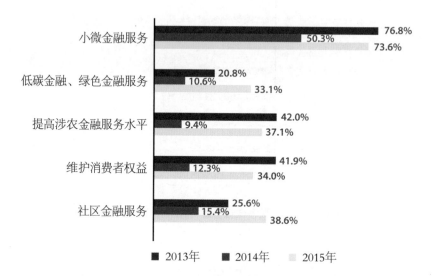

图8-5　银行承担社会责任重要领域2013—2015年对比

三、社会领域履行社会责任的重点方向是扶贫工作

社会责任领域方面，银行履行社会责任的重点方向是扶贫金融工作。选择将扶贫工作作为履行社会责任工作重点的银行占比为60.4%。其次是公益慈善事业，超过一半的银行（53.3%）都将其作为重点方向；再次是员工权益和环境保护，占比分别为41.9%和37.7%。这反映了银行业积极响应国家全面实现小康社会发展目标、打赢脱贫攻坚战的政策号召。

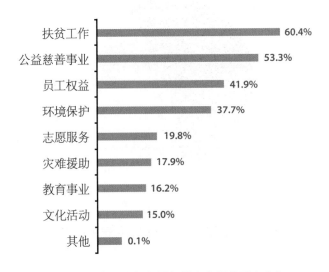

图8-6 社会领域银行履行社会责任的重点方向

四、银行家对履行社会责任评价较高，但也存在缺乏创新意识等不足

调查结果显示，25.4%的银行认为自身在履行社会责任方面不存在问题，整体评价较高。但是同时也有24.4%的银行家认为银行存在的较大缺陷是缺乏创新意识；15.8%的银行家认为缺少激励机制；其次还有员工履行企业社会责任主动性不强和银行履行社会责任流程复杂、效率低下问题。

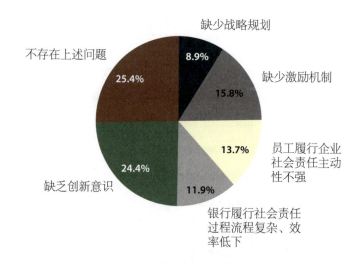

图8-7　银行履行社会责任工作中存在的不足

区分不同地区的银行，东部和东北地区的银行中，认为自身在社会责任履行中不存在问题的银行占比分别达到30.9%和29.8%，比例相对较高。区分不同类型的银行，政策性银行认为自身不存在问题的占比为38.0%，比例最高。政策性银行在定位方面，更多代表了国家和政府来承担社会责任，相应动力充足且落实到位。

	东部	中部	西部	东北
缺少战略规划	10.2%	10.2%	7.0%	4.6%
缺少激励机制	15.1%	19.1%	13.7%	15.2%
员工履行企业社会责任主动性不强	12.2%	14.4%	15.7%	10.6%
银行履行社会责任过程流程复杂、效率低下	9.6%	14.4%	12.7%	10.6%
缺乏创新意识	22.0%	24.0%	26.3%	29.1%
不存在上述问题	30.9%	17.9%	24.7%	29.8%

图8-8　各地区银行履行社会责任中存在的不足

	政策性银行	大型商业银行	股份制商业银行	城市商业银行	农村金融机构	外资银行
缺少战略规划	8.5%	6.9%	7.9%	10.0%	10.5%	10.3%
缺少激励机制	15.5%	15.0%	15.3%	16.7%	15.6%	17.2%
员工履行企业社会责任主动性不强	5.6%	11.6%	13.9%	14.5%	16.8%	10.3%
银行履行社会责任过程流程复杂，缺少效率	9.9%	14.0%	12.3%	10.8%	11.7%	6.9%
缺少创新意识	22.5%	26.9%	18.1%	27.4%	24.6%	20.7%
不存在上述问题	38.0%	25.6%	32.6%	20.4%	20.7%	34.5%

图8-9 各类型银行履行社会责任中存在的不足

对于银行在履行社会责任中存在的不足，28.0%的银行家选择缺少激励机制，这是由于承担社会责任对银行业而言更多是公益性工作，设立相应具体的激励机制存在难度。创新意识不足和银行履行社会责任流程复杂、效率低下，也受到银行家重视，分别有21.4%和20.6%的银行家选择。

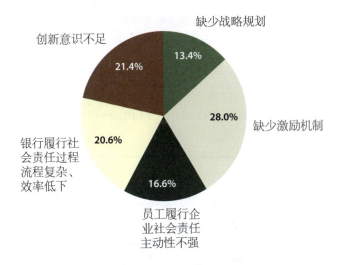

图8-10 银行履行社会责任存在的不足

五、加强扶贫金融发展首先要从完善服务机制入手

对于推动完善扶贫金融工作，67.1%的银行家表示会完善扶贫金融服务机制，确保有效落实国家政策；48.5%的银行家表示将大力降低扶贫金融成本，以持续推进扶贫金融工作；考虑到扶贫金融工作中针对贫困地区提供资金等援助会增加银行承担的信贷风险，因此还有47.1%的银行家表示需要进一步加强信贷风险控制，这也是解决银行持续推动扶贫工作的根本问题。只有解决信贷风险问题才能真正化解当前扶贫服务供给较少的困境。

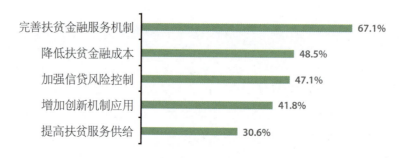

图8-11　银行加强扶贫金融发展的措施

从区分的不同地区银行来看，中西部银行中表示要降低扶贫金融成本的占比高达55.1%和51.8%，过高的扶贫金融成本已经成为工作开展中的一项较大阻碍。从区分的不同类型银行来看，政策性银行和农村中小金融机构中超过半数都选择自身社会责任重点工作为扶贫金融工作，占比较高，其中36.6%的政策性银行和52.2%的农村中小金融机构都选择将降低扶贫金融成本作为工作重点。

图8-12　各地区银行加强扶贫金融工作的重点

	政策性银行	大型商业银行	股份制商业银行	城市商业银行	农村金融机构	外资银行
小微金融服务	43.7%	75.5%	69.9%	78.0%	78.1%	44.8%
社区金融服务	9.9%	27.4%	40.5%	50.1%	34.4%	13.8%
保障性住房开发	42.3%	20.3%	19.7%	15.6%	13.3%	6.9%
涉农金融服务水平	46.5%	52.2%	21.1%	25.8%	69.9%	6.9%
金融消费者权益	2.8%	30.9%	44.4%	38.0%	16.8%	58.6%
绿色金融服务	42.3%	33.2%	41.9%	33.5%	10.9%	65.5%
扶贫金融服务	60.6%	33.5%	16.2%	17.1%	50.0%	
"大众创业，万众创新"	9.9%	11.9%	20.4%	17.1%	9.8%	10.3%

图8-13　各类型银行机构加强社会责任工作的重点

	政策性银行	大型商业银行	股份制商业银行	城市商业银行	农村金融机构	外资银行
完善扶贫金融服务机制	9.9%	20.4%	9.8%	65.4%	71.1%	34.5%
加强信贷风险控制	53.5%	45.4%	37.3%	48.6%	60.2%	51.7%
降低扶贫金融成本	36.6%	50.4%	47.2%	48.8%	52.2%	41.4%
增加创新机制应用	40.8%	44.1%	43.3%	41.8%	35.5%	44.8%
提高扶贫服务供给	29.6%	30.3%	29.2%	30.6%	35.2%	13.8%

图8-14　各类型银行机构加强扶贫金融工作的重点

六、增加对于创新企业的信贷支持"双创"

"大众创业，万众创新"，已经成为我国在经济新常态下推动经济发展的新引擎之一。各项政策也鼓励促进银行业加强对于"双创"的支持。对此，30.7%的银行家提出会增加对创新企业的信贷支持，解决融资难问题来促进创新企业发展。银行业也面临相应的信贷风险，27.3%的银行家表示将积极创新信贷管理，深入推进贷款方式和还款方式创新，希望可以尽量化解自身风险来提供更多支持。24.4%的银行会着力提高金融服务质效，降低服务门槛。13.4%的银行家表示将积极推动科技支行设立，推进科技金融服务务。仅有4.1%的银行未针对"双创"工作提供支持。

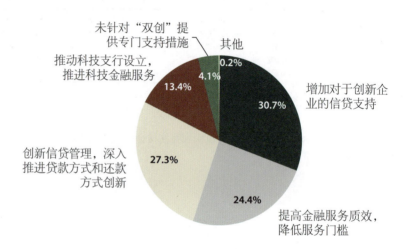

图8-15 银行在"双创"工作上的重点方向

	政策性银行	大型商业银行	股份制商业银行	城市商业银行	农村金融机构	外资银行
增加对于创新企业的信贷支持	56.3%	36.1%	31.7%	26.2%	25.8%	20.7%
提高金融服务质效，降低服务门槛	16.9%	26.6%	23.6%	23.1%	28.1%	17.2%
创新信贷管理，深入推进贷款方式和还款方式创新	14.1%	24.0%	29.4%	28.1%	31.3%	20.7%
推动科技支行设立，推进科技金融服务	7.0%	11.3%	11.1%	18.3%	10.5%	10.3%
未针对"双创"提供专门支持措施	5.6%	1.6%	3.9%	4.3%	4.3%	27.6%
其他		0.3%	0.2%			3.4%

图8-16 不同类型银行针对"双创"工作的重点方向

国家开发银行课题组、招商银行行长田惠宇、深圳农村商业银行行长袁捷谈普惠金融

课题组： 您认为中国银行业目前是否已经做好开展普惠金融的准备，在哪些方面还存在欠缺？

国家开发银行课题组： 早在2003年，世界银行向中国推介以商业可持续为原则的微贷款项目，很多商业银行出于风险因素考虑都婉言拒绝了。但开发银行认为，这项业务利国利民。2004年，开发银行与世界银行、德国复兴信贷银行合作，启动了"中国商业可持续微小企业贷款项目"，采用"资金+技术"的方法，选择有能力、有意愿的中小商业银行作为合作伙伴，通过他们为终端微贷款客户提供资金支持。由此掀开了开发银行支持普惠金融发展的序幕，成为中国开展普惠金融的引领者和助推者。此后，开发银行又以中小微企业为支持重点，积极探索普惠金融的发展思路和模式，取得了一些实实在在的成效，受到国务院和各地的广泛赞誉。

今年初，国务院印发《推进普惠金融发展规划（2016—2020年）》，表明中央将发展普惠金融摆到了国家战略层面的高度。党中央、国务院一系列文件的出台，明确了发展普惠金融的目标、途径和时间表，为开发银行及银行业开展普惠金融指明了方向。然而，由于信息不对称、银行信贷业务门槛较高等原因，我国普惠金融的发展还存在很大空间，相关金融服务在偏远贫困地区存在"真空"，村镇、贫困人群和小微企业的金融需求难以得到有效满足，这些都需要银行业继续发挥融资优势，为发展普惠金融提供信贷支持。

课题组： 在商业银行不良率上升较快的背景下，您如何看待普惠金融风险偏高的问题？

国家开发银行课题组： 针对风险偏高问题，开发银行积极探索创新，从市场建设、信用建设和制度建设入手，深入实践开展相关业务，形成了以开发性金融和金融社会化理念为核心，以机制建设为主要方法，以"融资+融智"引导和培育合作机构为手段，以"开发银行融资推动、政府组织协调、合作主体协助管理、担保公司担保、信用协会等群众组织民主评议与监督"为主要特色的批发融资模式。通过政府增信、信用协会等信用建设，培育具有地域特征的信用土壤，推动金融生态环境的优化；通过机制建设，设置民主评议、社会公示等多种措施，创新推出政府风险补偿金、合作机构保证金等多种社会化风险分担和缓释措施，加大社会监督和民主决策力度，既促进了社会信用建设，又防控了贷款风险。

田惠宇（招商银行）： 虽然普惠金融风险偏高，但广大中小企业作为中国经济的重要组成部分，小企业、小微企业"两小"企业客户也具有

较强的交叉销售和开发潜力，对商业银行而言，"两小"企业贷款的定价也高于一般性贷款业务，无论从国家的宏观经济发展需要还是招行的商业利益而言，"两小"业务都是招行未来的战略重点。

普惠金融业务具有风险高、综合收益低、议价能力弱的特征。因此，招行在发展该业务时，既要坚持收益覆盖风险的可持续原则，又要积极践行社会责任，平衡短期利益与长远战略的关系，合理确定定价机制，确保盈利目标与社会责任目标相一致。

此外，政府相关部门应建立和完善风险分散、补偿和转移机制。一是健全风险补偿基金。推动设立普惠金融服务基金，进一步完善风险补偿政策，探索建立地方财政出资的信贷风险补偿基金。二是强化担保代偿能力。逐步健全政府扶持、多方参与、市场运作的普惠金融信用担保机制，继续鼓励政府出资的各种信用担保机构积极开展担保业务，规范和支持民营担保机构发展。三是发展普惠金融保险。加强银行机构与保险业的合作，强化保险对普惠金融的资金支持和风险保障作用，鼓励有条件的保险公司为普惠金融保险提供再保险支持。

课题组：能否介绍一下贵行普惠金融工作的重点发展方向和主要困难？

国家开发银行课题组：开发银行开展普惠金融工作的重点发展方向就是全力做好扶贫开发工作，为打赢脱贫攻坚战贡献力量。截至目前，累计发放扶贫贷款1.90万亿元，贷款余额1.20万亿元，业务覆盖全国832个国家级贫困县和集中连片

特困县中的727个县，在支持贫困地区经济社会发展和贫困群众脱贫致富方面取得了显著成效。2016年5月31日，国开行扶贫金融事业部正式成立。国开行将以建档立卡贫困村和贫困人口为支持重点，在贷款主体上，按照"易地扶贫搬迁到省、基础设施到县、产业发展到村（户）、教育资助到户（人）"的思路，完善金融扶贫政策举措，优化金融扶贫体制机制，创新金融扶贫方式方法，整合资源优势，加大支持力度，推动精准扶贫、精准脱贫取得显著成效，助力贫困地区如期全面建成小康社会。未来5年，将安排不低于1.5万亿元融资支持，精准支持贫困地区基础设施、易地扶贫搬迁、特色产业发展、教育卫生改善等领域，为发展普惠金融作出积极贡献。

田惠宇（招商银行）：招行一直积极支持"两小"企业的发展。通过构建小企业专业化经营管理体系、创新"智慧供应链金融"等产品、推出综合金融解决方案、打造"线上＋线下"相结合的服务渠道等方式，进一步提升"两小"企业的金融服务效率。截至9月末，招行小企业一般性贷款余额1290.8亿元，占全部对公一般性贷款的12.0%。小微企业贷款余额2858.8亿元，占全部零售贷款的20.1%。"两小"中，我们尤其重视加大对创新型成长企业的支持力度。推出"千鹰展翼"计划，通过包括融资在内的综合化金融服务，使其获得更快速的成长。截至9月末，"千鹰展翼"入库客户超过2.23万户，3203家新三板挂牌企业成为招行"千鹰展翼"客户，占同期挂牌企业总数的42%。

在发展"两小"业务过程中，目前面临的主要困难：一是受宏观经济调整影响，"两小"企

业资金需求有所下降，从而导致贷款余额增长乏力。二是虽"两小"贷款不良生成逐渐趋稳，但不良率仍然较高，"两小"业务风险暴露是否到拐点仍然有待观察。今年以来，通过加强预警、清收等贷后管理方式，并调整部分"两小"贷款政策，"两小"贷款不良生成较去年有所降低，逐步趋稳。三是从具体业务层面来看，"两小"客户天然的不稳定性及信息不对称特征，使传统的风险管理模式面临巨大挑战。由于"两小"企业普遍规模较小，经营稳定性不强，极易受经济周期影响，造成"两小"业务抗风险能力较弱。同时，"两小"客户财务信息采集和核验困难，给风险控制、业务管理（包括前端调查、中台审批及贷后管理）等提出了更高的要求。

袁捷（深圳农村商业银行）：深圳农村商业银行一直秉承"社区零售银行"的市场定位，积极服务广大社区居民、中小企业主和广大中小企业，持续践行普惠金融理念。2016年以来，深圳农村商业银行更是加大了零售金融服务力度，拓展服务的广度和深度，创新金融产品和服务手段，进一步提高金融服务的效率和便利性。深圳农村商业银行普惠金融的工作重点主要在以下几个方面：

第一，优化网点布局，拓展服务渠道

深圳农村商业银行在深圳市共有约200个网点，网点服务覆盖深圳街道社区，是深圳服务网络和销售渠道最为广泛的银行之一，以社区及社区范围内的中小微企业、个体经营者、小企业主、社区居民和来深建设者为服务主体，对偏远、金融服务覆盖不高、却又确实存在金融需求的地区，仍一如既往地留守当地，承担社区金融服务责任。近年来，深圳农村商业银行持续进行网点转型升级，积极拓展服务渠道，以提供更优质高效的金融服务。

第二，不断探索和完善零售信贷业务

产品互通。2016年6月，深圳农村商业银行印发了《关于小微金融部与支行开展信贷业务联动的通知》，充分发挥小微金融部和支行各自的优势，让单户500万元以下的借款人可以同时享有传统的和小微金融部的信贷产品，从不同方面满足客户资金需求。

零售统筹。2016年6月，为提高金融服务精准性和有效性，深圳农村商业银行将全行客户划分为零售客户（包括个人客户和单户贷款300万元以下或年收入1 000万元以下的企业客户）和公司客户。2016年9月，调整了部门机构设置和职能，将全部零售客户归口纳入零售金融部统一管理。同时，零售金融部设置了零售信贷中心，印发了《关于调整零售授信业务审批流程的通知》等文件，专门负责零售客户授信业务审批管理。零售统筹能够更好地整合产品、营销、风控的资源，服务更贴近市场和客户。

鼓励特色产品创新。深圳农村商业银行结合新消费重点领域的需求，加快推进消费信贷管理和产品创新、优化信贷流程，加强对新消费重点领域的信贷支持。如深圳农村商业银行在各支行试点推出针对包括社区居民、企事业职工在内不同客户群体的简易信用贷款产品（"天使贷""园丁贷""薪享贷"等），金额在人民币50万元以内，同时简化申请资料、优化审批流程，快速、简便，充分满足客户在住房装修、旅

游度假、留学教育、耐用消费品等方面的资金需求。截至2016年9月底，已受理和发放简易信用消费贷款1643笔，金额3.54亿元。

利率优惠。除了产品创新、技术创新，深圳农村商业银行还给予零售客户一定的利率优惠。即在客户申请贷款时，根据零售客户类型特征，结合其选择的产品、贷款金额、期限、还款方式、信用支持方式等的不同，并结合其使用产品的历史情况，在基础定价水平上给予零售客户一定的优惠，对零售客户实实在在地给予让利支持。

第三，发展民生金融，提高社区金融服务便利性

深圳农村商业银行金融社保卡至10月底累计发卡约180万张，累计发卡量在同业排在前列，获得客户的好评。深圳农村商业银行网点深入社区，各网点均开设"金融社保卡专窗"，优先处理客户的办理需求；落实"便民惠民"，对全市金融社保卡持卡人每月免收3笔ATM跨行取款手续费。深圳农村商业银行践行普惠金融，考虑到客户群的实际情况，率先宣布从市区减免推行至全国减免，更方便参保人员办理人力资源和社会保险待遇领取业务。深圳农村商业银行针对金融社保卡，专门研发并推出了"智添盈"现金管理类产品，该产品具有"余额理财、随时支用"的特点，为客户提供小额资金管理的增值服务，以推动社会保障卡应用的进一步拓展。

住房金融方面，深圳农村商业银行2015年上线了公积金贷款业务，全行20个一级支行遍布深圳各辖区，重点提升金融服务薄弱地区的公积金

业务服务能力，有效提高全市公积金贷款网点覆盖率。同时，注重做好客户服务和业务办理，加强业务质量的考评，为广大职工提供高效的公积金贷款服务，切实普惠广大客户。截至10月底，已发放公积金贷款7.2亿元。

第四，积极创新金融服务模式

深圳农村商业银行开发IPAD移动端的营销服务新模式——移动营销平台。该平台以移动终端为载体，以提升客户体验、便捷业务流程、提高营销效率为目标，将移动互联网技术与银行服务相结合，充分运用面部识别技术、大数据等，在风险把控的前提下，为一线营销人员提供营销下单、客户管理、销售指导和流程管理、售后服务以及工作互动等功能的移动应用服务平台。

第五，利用"互联网+"新型科技手段创新

为满足客户的消费需求，提升金融服务体验，深圳农村商业银行先后推出简单快速的"快捷贷""小时贷"等小额信用贷款产品。同时，借助网上银行、手机银行的电子渠道优势，开发了全线上小额信贷产品系列："信通小时贷""网络定期质押贷""预授信小时贷"等，从贷款申请到发放均在线上完成，客户只需通过手机银行/网上银行，即可完成申请和发放，快速简单，可满足客户的各类消费需求。截至10月底，贷款余额约2亿元。

深圳农村商业银行在普惠金融工作中面临的困难和问题主要有：

第一，在经济持续下行背景下，市场有效需求不足，中小企业的信贷资金需求明显下降。同

时，企业的生存环境较为恶劣。风险持续暴露，抗风险能力明显不足。经济环境不景气客观上也抑制了个人客户的很大一部分消费需求。在这样的经济形势下，银行要控制不良比例，同时还增加信贷投放，完成资产规模和经营利润的考核指标，矛盾凸显，压力增大。

第二，利率水平持续下行，市场资金面宽松，优质客户和优质资产成为各银行争夺的对象，同业竞争相当激烈。同时，利率水平持续下行，利差收窄，利润空间持续压缩。在这一背景下，银行落实国家"降成本"政策，大力支持中小微企业客户，降低其融资成本，存在一定的困难。

第三，零售小企业客户自身的抗风险能力差，作为第二还款来源的信用支持方式也普遍较弱，不良率相对较高。地方政府和监管政策的突然变化会对银行的经营带来一定的影响。

深圳农村商业银行对发展普惠金融有如下建议：

第一，尽可能保持政策的持续性和连贯性。鼓舞和鼓励商业银行服务普惠金融、支持零售金融的信心和决心。

第二，充分发挥政府监管平台的优势，及时发布市场、业务信息和风险预警信息。

第三，提高小微企业的不良容忍度。对科创新兴产业等，希望能够借助监管的大数据平台，推出有效的增信方式和风险抵补措施建议，并适当提高风控容忍度，降低商业银行参与顾虑。

课题组： 贵行是如何权衡普惠金融工作中的公益性和盈利性，以保证普惠金融的持续性发展？

国家开发银行课题组： 开发银行在发展普惠金融的过程中，兼顾"整体业务的财务可平衡性和机构发展的可持续性"，严守风险底线，兼顾盈利目标，实现可持续发展。其中，支持发展是根本，只有始终把支持发展放在首位，才能为普惠金融工作的发展提供永续金融支持；管控风险是生命线，只有不断强化风险管控意识，完善全面风险管理体系，确保资产质量稳定和资产安全，才能为普惠金融工作的开展筑牢风险底线；实际工作中开行加强模式创新，形成公众参与、公众收益、公众监督的批发融资模式，加强风险防范。保本微利是重要原则，开发银行以市场化方式提供金融服务，不追求利润最大化，但需要兼顾一定的收益目标，在普惠金融发展过程中实现保本微利，保持财务可平衡性，实现机构健康可持续发展。

课题组： 国务院印发的《关于积极推进"互联网+"行动的指导意见》将"互联网+" 普惠金融列为11项重点行动之一。贵行对于"互联网+"普惠金融有何设想或开展方式？

国家开发银行课题组： 国开行于2016年1月印发了《关于国家开发银行支持"互联网+"行动的指导意见》，意见第五部分第（五）条"互联网+"普惠金融明确提出：开发银行支持互联网金融健康发展，全面提升开发银行互联网金融服务能力，把互联网创新成果与开发性金融深度融合，为社会提供多层次、安全、便捷的金融产品和服务，尤其是积极开发、开展小额信用贷款，扶持弱势群体，以更好地满足实体经济的投融资需求。培育一批具有行业影响力的互联网金融创新型企业，同时利用大数据加强开发银行企业征信管理，加快网络征信和信用评价体系建设，有效防控风险。

开发银行在发展普惠金融的过程中，积极创新模式，借鉴"互联网+"技术，走出了一条"互联网+开发性金融"支持普惠金融的新路子。以助学贷款为例，国开行作为全国最大的助学贷款受理行，通过QQ、微信、邮件等多种互联网形式为学生提供咨询与支持，运用全国数据大集中积累庞大的学生、贷款数据，创新以支付宝为主的第三方还款途径，方便学生还款。下一步，国开行将继续加大创新力度，与各大互联网机构开展合作，探索和研究"互联网+开发性金融"支持普惠金融发展新模式，为业务发展开辟新方向。

课题组：贵行在普惠金融开展中是否有值得借鉴和推广的经验和做法？

国家开发银行课题组：一是以金融社会化理念构建批发融资机制。开发银行以金融社会化理念为指导，充分运用政府热点、"雪中送炭"、规划先行、信用建设和融资推动等开发性金融原理，坚持"重小不重大，扩大覆盖面"的原则，往基层、往小额方向倾斜，向农民专业合作社、农业专业大户、家庭农场等主体倾斜，以扩大个体覆盖面为中心，使人人都有融资机会，体现出一种社会平等。"人人享有平等融资权"的口号成为一种根植于每位开行人心中的理念。二是以社会化、专业化和标准化的方法推进业务。开发银行加强制度建设，走专业化道路。以国开行传统的开发、评审、信贷制度方法为基础，结合实际、业务特点和实践经验，对各项业务和各个业务环节的标准和方法进行认真研究，出台了大量的制度文件，规范业务发展。同时，加快开展系统建设，促进基层金融业务的全部电子化管理。三是以批发方式解决零售问题，用统一的标准模式解决千家万户的共性问题。发展投融资公司、担保公司、地方中小金融机构等各类合作机构，构建管理平台、融资平台、担保平台、社会公示和信用协会的"四台一会"统一标准化的基本模式，以此对接开发银行资金和千家万户融资需求。

第九部分
银行家群体

伴随着中国银行业的发展，银行家群体的感受与心态也在逐渐调整。在银行家职业化过程中，仍然面临着缺乏有效激励约束机制、行政力量干预、限薪令等影响。在多重因素的共同作用下，越来越多的银行家离职，去往其他银行业金融机构或新型金融业态。

一、银行家对工作与生活各方面的满意程度有所降低

宏观经济下行，银行业增速下降、不良率持续上升，银行家对工作与生活的满意度同比下滑。在本年度的调查中，银行家对自身业余生活（3.77分）、工作压力（3.78分）和薪酬水平（3.79分）的满意度评价最低。对家庭婚姻的满意程度最高（4.13分），紧随家庭婚姻之后的，是工作环境和成就感，评分都在4分以上。这一排名与上一年相比基本保持一致。

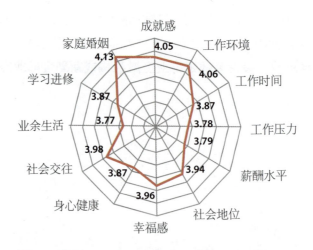

图9-1　银行家对工作与生活的满意程度（满分为5分）

所有项目中，评分超过4分的项目从2015年的5个减少至3个。从具体项目看，"家庭婚姻""工作环境"的满意度虽然保持排名前列，但评分在近三年均呈逐年下降趋势。其他大部分项目的满意度在经历2015年的短暂上升后，再次回落。在当前的市场竞争环境下，银行家群体对工作与生活的满意度未能得到明显改善。

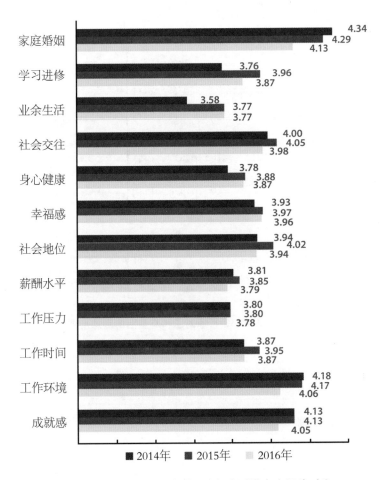

家庭婚姻 4.34 / 4.29 / 4.13

学习进修 3.76 / 3.96 / 3.87

业余生活 3.58 / 3.77 / 3.77

社会交往 4.00 / 4.05 / 3.98

身心健康 3.78 / 3.88 / 3.87

幸福感 3.93 / 3.97 / 3.96

社会地位 3.94 / 4.02 / 3.94

薪酬水平 3.81 / 3.85 / 3.79

工作压力 3.80 / 3.80 / 3.78

工作时间 3.87 / 3.95 / 3.87

工作环境 4.18 / 4.17 / 4.06

成就感 4.13 / 4.13 / 4.05

■ 2014年　■ 2015年　□ 2016年

图9-2　最近三年银行家对工作与生活满意度评价对比

　　银行家因所在银行机构的区域、类型、上市情况以及所属层级不同，在满意度的综合评价方面体现出了明显的分化。具体看来，东北地区满意度高于其他地区、政策性银行高于其他类型商业银行、上市银行高于非上市银行、总行高于分行。中西部地区及农村中小金融机构的银行家，综合满意度相对偏低。

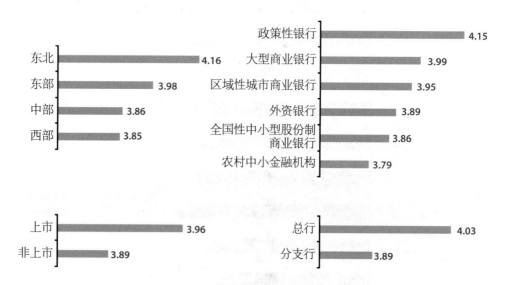

图9-3 不同类别的银行家对工作与生活的满意度评价

二、"缺乏有效的激励约束机制"对银行家成长的阻碍作用日益突出

2015年以来，银行业高管人才流动加速，民营银行、互联网金融机构等新进入者也进入争夺银行业高级人才的行列，传统银行业激励约束机制不健全的问题更为凸显。2016年，"缺乏有效的银行家激励约束机制"（30.4%）被认为是银行家成长过程中面临的最大阻碍，得到了三成受访者的认同；其次是"人事任免行政色彩浓厚"（21.7%）和"银行家没有充分的经营自主权，不能完全按照市场化规则办事"（20.5%）。

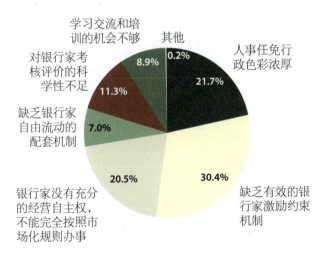

图9-4　银行家成长过程中面临的最大阻碍

与2015年的情形不同，经过一年的时间，银行家群体对主要的成长发展阻碍这一问题的判断趋向一致。2016年，银行家们认为其成长发展过程中最大的障碍是"缺乏有效的激励约束机制"，其他问题的重要性相对下降，"没有充分的经营自主权，不能完全按照市场化规则办事"从2015年的首要阻碍滑落至第三位。

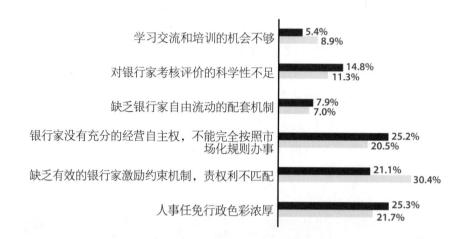

学习交流和培训的机会不够　5.4%　8.9%

对银行家考核评价的科学性不足　14.8%　11.3%

缺乏银行家自由流动的配套机制　7.9%　7.0%

银行家没有充分的经营自主权，不能完全按照市场化规则办事　25.2%　20.5%

缺乏有效的银行家激励约束机制，责权利不匹配　21.1%　30.4%

人事任免行政色彩浓厚　25.3%　21.7%

■ 2015年　■ 2016年

图9-5　最近两年银行家成长过程中面临的最大阻碍

三、中国银行家队伍的职业化建设初见成效

2016年，对于中资商业银行的管理者职业化、非行政化的看法，37.6%的银行家认为部分银行已经形成了职业化的管理者队伍，29.9%的银行家认为在多数银行已经形成。显然，银行家群体中的多数人相信，有相当一部分机构的银行高管是按照市场化原则开展管理经营。但与此同时，有23.3%的银行家表示，行政力量的影响仍普遍存在，说明银行家的职业化程度目前仍有待进一步深化，在一些银行机构、经营管理领域仍会受到行政干预的影响。

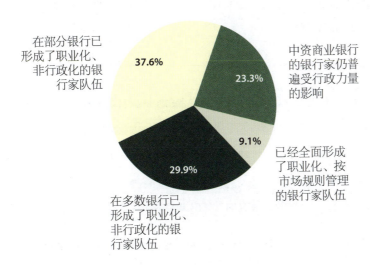

图9-6　对于中资商业银行的管理者职业化、非行政化的看法

四、"限薪令"给商业银行管理者带来多重影响

　　《中央管理企业负责人薪酬制度改革方案》的推进实施，对银行业产生了实际的冲击。51.2%的被调查对象表示，方案的落实促使相关银行高管离职数量增加。从2015年以来，工行、中行、建行等大型商业银行和很多股份制商业银行均发生银行高管离职，投向互联网金融公司、民营银行等新兴金融机构的现象，从侧面提供了印证。另外，46.1%的银行家表示，除了银行高级管理者，中层管理人员的薪酬收入也受到方案实施的影响，给银行机构的日常管理进一步增加了不稳定性。还有一部分银行家表示，"限薪令"也造成了部分银行高管存在懒政怠政现象（26.0%）、部分银行高管通过期权激励等其他形式报酬予以补偿（18.0%），仅有极少数被调查对象认为没有带来任何影响（12.6%）。

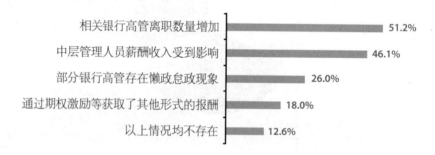

图9-7　《中央管理企业负责人薪酬制度改革方案》实施带来的影响

五、银行家自我挑战的意愿和日益加大的工作压力催生"离职潮"

　　长期以来，中国银行业高管的岗位较为稳定，但近一年多来，高管离职的现象增加。对此，被调查的银行家认为，促使这些银行高管离职投身其他金融机构的主要原因：一是"银行高管个人走出体制，挑战更市场化领域的意愿"（32.7%）；二是"银行盈利能力明显下降，银行高层工作'压力山大'"（30.7%）。由此可见，当前银行业高管的离职，既有银行家个人主动挑战自我的内因，也有银行业发展放缓、工作压力上升的外因的作用。此外，也有一部分银行家表示，薪酬福利缩水（18.8%）和原有发展路径受限（15.4%）也是银行家选择离开的重要推动因素。

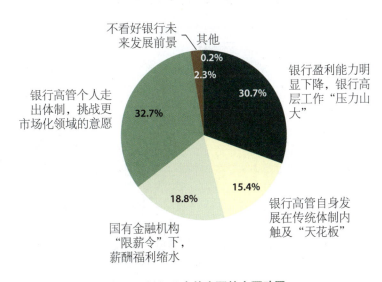

图9-8　银行业高管离职的主要动因

　　对于银行高管的离职趋势将向什么方向发展，超过四成的银行家判断这一趋势将保持平稳，而30.7%的银行家则认为会进一步加剧，认为会有所减缓的银行家仅占13.6%。换言之，在业界看来，银行高管离职的趋势暂时仍难以扭转。

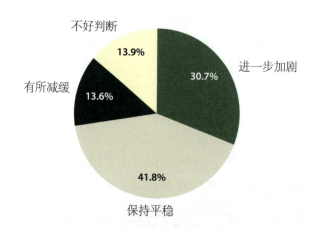

不好判断

13.9%

进一步加剧

30.7%

有所减缓

13.6%

41.8%

保持平稳

图9-9 未来一年银行高管离职的趋势

六、股份制银行的发展平台受到银行家青睐，民营银行和互联网金融机构的受认可程度提升

当被问及"若选择到其他银行发展，什么机构能够最大程度地施展其才能时"，41.3%的银行家选择股份制商业银行，远超选择其他银行业金融机构的比例，这或与股份制商业银行兼具相对较高的市场化程度和市场地位有着密切关联。大型商业银行和城市商业银行在中国银行业市场中有着较深的发展根基和特有竞争优势，分别有14.7%和14.5%的银行家认为能够更好地施展其才能。选择上述机构的占比相对2015年调查的比例略有下降，但排名结果仍然保持不变。

而选择民营银行（9.8%）和互联网金融机构（9.7%）的比例相较2015年进一步增长，认可程度明显超过农村金融机构（4.6%）、外资银行（3.0%）和政策性银行（2.5%），体现了银行家对其未来发展前景的看好。尤其是互联网金融机构，经过一年的市场考验，从2.6%提升至9.7%，开始得到了银行家主流群体的逐渐认可。

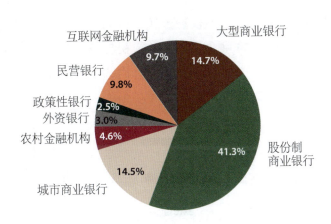

图9-10　能够最大程度地施展出银行家才能的金融机构

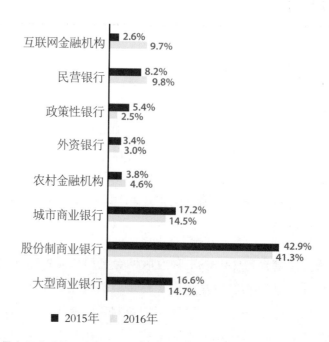

互联网金融机构 　2.6%
　　　　　　　9.7%

民营银行 　　　8.2%
　　　　　　　9.8%

政策性银行 　　5.4%
　　　　　　　2.5%

外资银行 　　　3.4%
　　　　　　　3.0%

农村金融机构 　3.8%
　　　　　　　4.6%

城市商业银行 　17.2%
　　　　　　　14.5%

股份制商业银行 42.9%
　　　　　　　41.3%

大型商业银行 　16.6%
　　　　　　　14.7%

■ 2015年　　■ 2016年

图9-11　能够最大程度地施展出银行家才能的金融机构（最近两年调查结果）

相比较而言，中小银行的银行家比大型银行机构的银行家更加认为民营银行和互联网金融机构能够发挥其才能。据调查，外资银行、股份制商业银行、城市商业银行高管对这两类新型金融机构的选择占比更高。此外，随着近两年大型商业银行对互联网金融业务的重视与投入，业务与互联网络的融合程度日益深化，大型商业银行也有相当比例的高管选择互联网金融机构，明显超过农村中小金融机构和政策性银行。

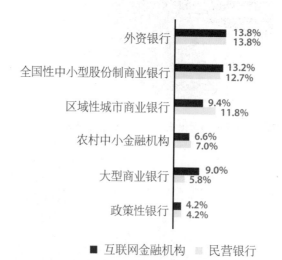

外资银行 　　　　　　　13.8%
　　　　　　　　　　　13.8%

全国性中小型股份制商业银行 13.2%
　　　　　　　　　　　12.7%

区域性城市商业银行 　9.4%
　　　　　　　　　　　11.8%

农村中小金融机构 　　6.6%
　　　　　　　　　　　7.0%

大型商业银行 　　　　9.0%
　　　　　　　　　　　5.8%

政策性银行 　　　　　4.2%
　　　　　　　　　　　4.2%

■ 互联网金融机构　　■ 民营银行

图9-12　认为在互联网金融机构和民营银行能够最大程度地施展出才能的银行家所在机构

第十部分
监管评价

　　2015年下半年以来，金融监管架构改革被提上了议事日程，如何坚持市场化改革方向，加快建立符合现代金融特点、统筹协调监管、有力有效的现代金融监管框架，坚守住不发生系统性风险的底线，成为业界讨论的热点话题。同时，银行家开始探讨监管机构应如何根据经济形势的变化，进行逆周期的监管政策调整。而随着境外监管机构监管强度和检查力度的增加，部分中资银行境外合规风险事件开始见诸报端，国内银行业金融机构在"走出去"过程中面临的监管合规压力也与日俱增。

一、监管指标体系整体评价良好

近年来，银行家对主要监管指标的评价总体维持在较高水平，但2016年对监管指标体系和监管方式的评分均有所下降，反映出在经济下行区间下，银行家对已有监管政策调整和监管方式创新的期待有所增强。从单一指标评价来看，银行家普遍对资本充足率、拨贷比、拨备覆盖率、净稳定资金比例及流动性覆盖率等监管指标的总体评价较高，其中资本充足率指标已连续五年评价最高，表明银行家对现行监管指标设计及其监管成效的认可。

表10-1 2016年主要监管指标评价及比较（单项满分为5分）

单位：分

指标 \ 时间	2016年	2015年	2014年	2013年
资本充足率	3.93	4.30	4.08	4.19
拨贷比	3.88	4.04	3.91	4.00
拨备覆盖率	3.87	4.18	4.03	4.18
净稳定资金比例	3.81	4.07	3.90	3.98
流动性覆盖率	3.81	4.16	3.97	4.10
杠杆率	3.76	4.01	3.91	4.00
存款偏离度	3.66	3.65	—	—
存贷比	3.62	3.51	3.64	3.82
平均得分	3.79	3.99	3.92	4.04

在对主要监管手段的评价中，"监管政策制定"获得了最高评价，连续四年排名均在前两位，显示了银行家对监管机构监管政策制定及其监管成效的肯定。

从相对排名来看，"监管政策制定""问责与处罚"的排名相较2015年有所上升，表明银行家对监管政策实施及银行违规处罚方面的广泛关注；而"机构准入""业务准入"两项监管手段的相对排名有所下滑，显示出银行家对于行政许可事项的关注以及对进一步简政放权的期待；而"金融风险处置""主动信息公开"与"跨业跨境监管交流合作"三项连续四年排名靠后，在一定程度上反映出银行家希望监管机构能够更加主动、及时、全面地披露监管工作信息，从而增加监管政策的传导性和可操作性。

表10-2　2016年主要监管手段评价及比较（单项满分为5分）

单位：分

指标＼时间	2016年	2015年	2014年	2013年
监管政策制定	3.87	4.11	4.02	4.07
问责与处罚	3.85	4.04	4.01	3.97
非现场监管	3.85	4.07	4.00	4.01
机构准入	3.84	4.12	4.04	4.06
现场检查	3.84	4.05	4.02	4.00
业务准入	3.83	4.06	3.98	4.01
金融风险处置	3.82	4.01	3.95	4.02
主动信息公开	3.80	3.92	3.84	3.81
跨业跨境监管交流合作	3.75	3.89	3.74	3.74
平均得分	3.83	4.03	3.96	3.97

二、金融监管架构调整以及监管模式选择备受瞩目

近年来，随着我国金融市场发展逐渐加快、改革进程不断推进，越来越多样化的金融机构体系、复杂的产品结构体系，以及更加开放的金融市场体系，都对现行的监管架构形成了挑战。如何对现行"一行三会"的监管架构进行改革、统筹协调监管框架如何建立再度引起热议。但从调查结果来看，是否需要对金融监管架构进行调整，银行家们的认识还未达成统一。近半数受访银行家认为现行的"一行三会"金融监管架构需要调整，24.4%的银行家认为现行金融监管架构不需要调整，将近三成的银行家认为难以判断。

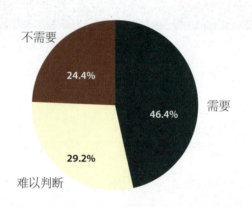

图10-1 对现行"一行三会"金融监管架构是否需要调整的看法

对于是否需要调整分业监管模式，近半数银行家认为应保持分业监管模式，但需要对现有模式进行适当微调，还有9.5%的银行家认为现行的分业监管模式不需要调整；而其余41.0%的银行家认为未来监管模式应采用混业监管模式，以顺应银行业综合化经营趋势。

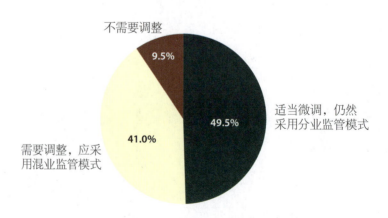

图10-2 对我国现行分业监管模式是否需要调整的看法

在对金融监管体系改革方案的调查中，除6.9%的银行家认为应维持现有监管体系不变外，其余银行家均表示现行金融监管体系有调整需要。对于业内专家所提出的不同金融监管体系改革方案，银行家也表达了自己的看法。具体来看，25.2%的银行家认为"顶层协调"方案更为合适，即在更高层次设立中央金融工作委员会，统筹协调"一行三会"金融监管；23.5%的银行家倾向于"一行一会"方案，即合并"三会"为金融监管委员会，与央行共同承担监管责任；19.2%的银行家较认可"一行三会"功能重组方案，即维持现有架构不变，但"三会"专注微观及机构监管目标，宏观审慎监管职能交由央行负责；14.2%的银行家倾向于"一行两会"方案，即将银监会并入中央银行构成"一行两会"基本格局，同时对证监会和保监会职能加以调整。相比之下，银行家对于"单一央行"方案的支持度较低，仅为8.9%，这也在一定程度上说明监管体系对货币政策制定与金融监管职能、宏观审慎监管与微观审慎监管应有所区分。

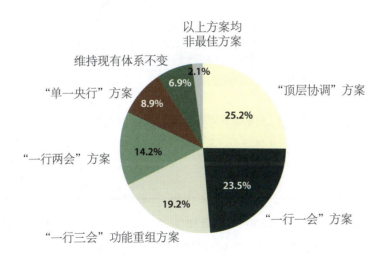

图10-3 对现有金融监管体系改革方案的倾向性选择

三、经济下行区间银行家对逆周期监管政策抱有期待，但对关键指标设计看法不一

自2012年《商业银行资本管理办法（试行）》中纳入逆周期资本要求以来，逆周期监管政策便开始逐步落地与实施。而对经济周期及经济走势的准确预判是逆周期监管政策制定的关键前提。调查结果显示，对于应依据哪些指标判断经济周期和经济走势，64.7%的银行家认为GDP增长率适合作为逆周期监管政策的先行指标，还有货币供应量、物价指数、信贷增长率等多个指标也存在作为先行指标的合理性，但具体指标的选择仍需进一步探讨。

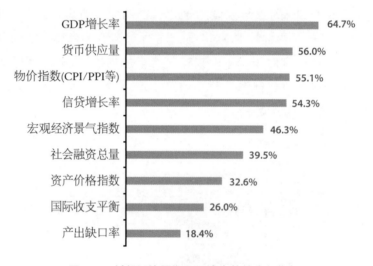

图10-4　判断经济周期和经济走势的先行指标

对于逆周期监管手段的选择，国内外学者提出了诸多可行之策作为参考。调查结果显示，银行家最为期待和关注的是动态拨备机制（58.9%）。此外，差别存款准备金率（55.7%）和逆周期缓冲资本（50.8%）也是银行家关注的重点内容，还有超过三成的银行家对资本留存缓冲（35.5%）、超额资本缓冲（30.8%）抱有期待。

图10-5　逆周期监管手段的选择

　　我们又对上述逆周期监管手段中受关注较多的资本和拨备指标设定问题
进行了进一步调查。在逆周期资本监管的实施中，巴塞尔委员会为监管当局
提供了0~2.5%的自由裁量空间。调查结果显示，近四成银行家认为目前我国
逆周期资本缓冲标准计提区间应设定为1.0%~1.5%之间，25.4%的银行家认为
计提区间设定为0.5%~1.0%更为合理。

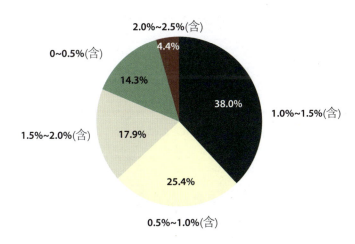

图10-6　现阶段我国逆周期资本缓冲监管标准的设定区间

拨备覆盖率方面，2016年以来，已有部分银行拨备覆盖率接近或跌破150%红线，引起了业界的讨论与关注。从调查结果来看，六成的银行家认为2016年拨备覆盖率有向下调整需要，但对调整幅度设置看法不一。结合银监会公布的银行业金融机构整体拨备覆盖率数据（2016年第一季度为175.03%，第二季度为175.96%，第三季度为175.52%）不难看出，中国银行业整体拨备覆盖率维持较高水平，部分拨备较为宽裕的银行对监管指标调整的需求并不十分急迫。

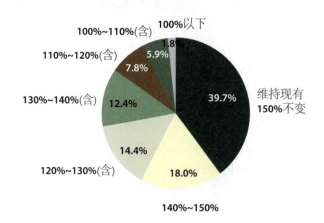

图10-7　2016年拨备覆盖率指标值的设定合理区间

四、银行业"走出去"过程中境外监管与合规成关注焦点

随着"一带一路"战略实施、企业"走出去"步伐加快，银行业金融机构的海外布局也逐步推进。近年来，随着境外监管机构监管强度和检查力度的增加，中资银行面临的监管合规压力与日俱增，部分境外合规风险事件也开始见诸报端。调查结果显示，"境内外法律和监管政策冲突"（58.9%）、"日益趋严的审慎监管规则"（47.0%）、"反洗钱等合规要求趋严"（42.9%）被银行家认为是目前银行业在"走出去"过程中所面临境外监管压力的主要来源。

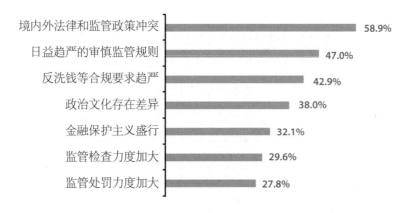

图10-8　中国银行业"走出去"过程中所面临的境外监管压力来源

针对当前境内外法律和监管环境的差异，银行家认为中国银行业应着重从制度和合规层面加以改进提高，即"完善风险内控制度"（54.1%）、"提升法制合规意识"（53.7%），同时，应更加注重"加强与境外监管当局的沟通"（45.8%），并进一步"加强海外战略规划"（43.5%），从而更好地主动适应严格的境外监管环境。值得注意的是，仅有1%的银行家认为应视情况收缩境外业务，这也从侧面反映出银行家直面挑战发展海外业务的长远战略部署，以及对中国银行业"走出去"的坚定信心。

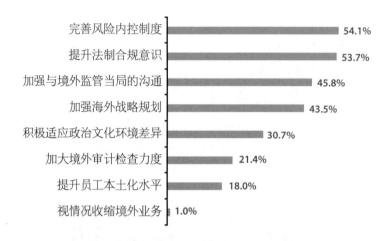

图10-9　中国银行业"走出去"过程中的应对之策

中国银行业"走出去",离不开国内监管机构的政策支持和监管引导。调查结果显示,近七成的银行家认为监管机构应主要"加强跨境监管合作沟通"(68.1%)。此外,"完善配套监管法律制度"(64.5%)、"积极参与国际监管规则制定"(62.9%)、"完善信息共享与交流机制"(58.8%)也是大多数银行家的共同期望。

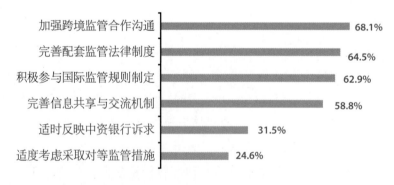

图10-10　中国银行业"走出去"过程中的监管引导之策

五、民间资本进入银行业稳步推进，监管引导银行业促进民间投资

近年来，民间资本进入银行业的步伐明显加快，银行家对民间资本进入银行业有效途径的选择也呈现多元化分布。其中，三分之一的受访银行家认为向银行业金融机构投资入股最为有效（33.3%），可以通过增资扩股、受让股权、二级市场增持的方式，共同分享银行业发展成果；也有银行家认为民间资本可以通过参与现有银行业金融机构的重组改制（23.0%）、自主发起设立中小型银行业金融机构（22.0%）等方式进入银行业。

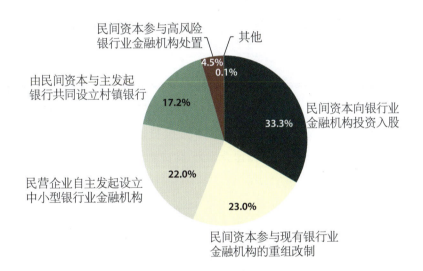

图10-11　民间资本进入银行业的有效途径

针对民营企业"不能投""没有能力投""没有意愿投"等问题受访银行家认为，相关配套措施不完善（41.2%）、信贷资源获取不平衡（40.4%）是该问题出现的最主要原因。也有银行家认为民间投资增速放缓的主要原因应是信用担保机制不健全（36.1%）、银行业准入门槛较高（34.7%）、风险处置手段不健全（31.4%）。

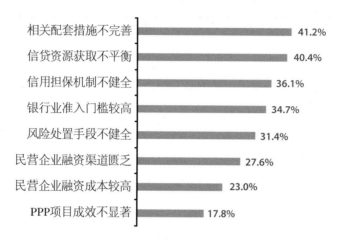

图10-12 造成民营企业"不能投""没有能力投""没有意愿投"等现象的原因

在政府相关部门和监管部门可采取哪些方式引导、鼓励银行业支持民间投资方面，43.2%的银行家认为应扩大民间投资范围，提升民间投资广度。此外，积极发展民营银行（35.1%）、推进投贷联动试点（33.3%）、推进PPP模式探索（32.3%）和完善民营企业不良贷款处置手段（31.7%）也是银行家所关注的重要环节。

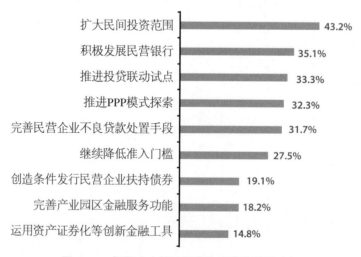

图10-13 银行业支持民间投资的监管引导路径

第十一部分
发展前瞻

　　调查显示，随着经济增速的放缓和同业竞争的加剧，银行家对未来三年的营业收入与税后利润增长预期有明显下滑。接近九成的银行家预计今后三年的营业收入增长率和税后利润增长率将低于15%，约七成的银行家预计收入与利润增速将低于10%，这一预期延续了近年来不断下滑的趋势。银行家认为，宏观经济短期内仍为L形（37.2%）是银行业未来发展面临的最大风险和挑战；而提高资产质量（64.1%）和调整客户结构（54.1%）是摆脱利润增长困境的主要措施。银行家对未来的资产质量担忧与前些年相比也有所上升，超过60%的银行家认为其所在银行今后三年的不良资产率将超过1%，说明加强风险管理已经成为银行业的当务之急。中国银行业拨备覆盖率与去年相比明显下降，有超过半数的银行家预计，其所在银行2016年末的拨备覆盖率将不足150%。中国银行业资本充足情况也不容乐观，约70%的银行家预计其所在银行2016年末的资本充足率将在11.5%以下，超过30%的银行家认为这一数字将在10.5%以下。

一、约七成银行家预计未来三年收入与利润增速将低于10%

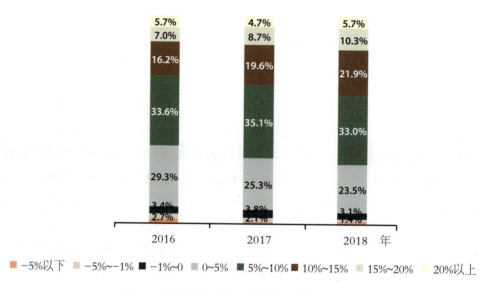

图11-1 受访银行未来三年的营业收入增长预期

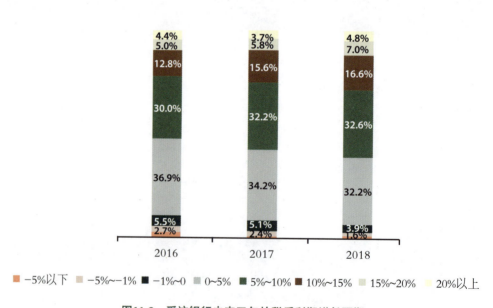

图11-2 受访银行未来三年的税后利润增长预期

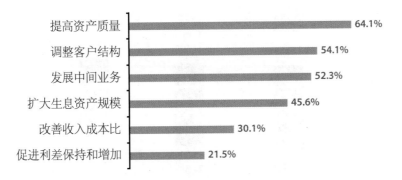

图11-3　受访银行未来摆脱利润增长困境的主要措施

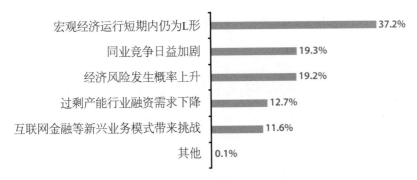

图11-4　受访银行未来发展面临的最大风险和挑战

二、超六成银行家认为未来三年不良资产率将超过1%

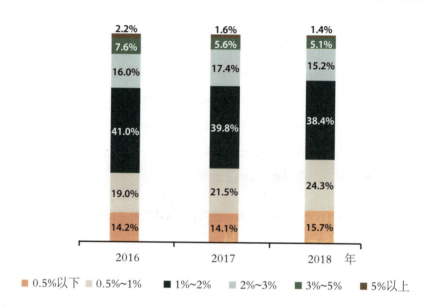

图11-5　受访银行未来三年的不良贷款率预期

三、超六成银行家预期资本充足率高于10.5%

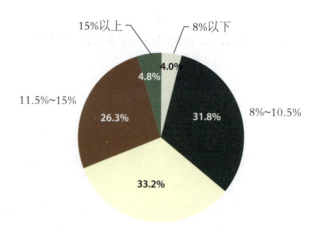

图11-6　受访银行2016年的资本充足率预期

四、约半数银行家预期拨备覆盖率低于150%

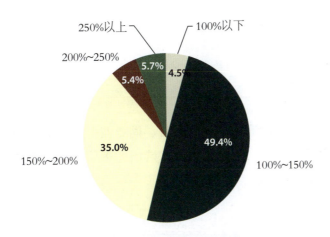

图11-7　受访银行2016年的拨备覆盖率预期

第十二部分
同行评价

按照每年的惯例，项目组请银行家对小微信贷、贸易融资、同业业务、债券投资、理财业务等14项银行主要业务的竞争力强弱作出评价，并列示出了银行家选出的每项业务竞争力排名前五的银行，从一个侧面展示了中国银行业的竞争格局。

与去年的调查结果相比，中国银行业整体竞争格局未发生大的变化，四大行总体上仍维持着较明显的竞争优势。所调查的14项业务中，四大行排名占据第一位的有11项（中国工商银行8项、中国银行2项、中国建设银行1项）。股份制银行中，中国民生银行仍然在小微信贷业务领域保持着竞争优势，排名第一；招商银行则继续在信用卡和私人银行业务中独占鳌头。值得注意的是，招商银行在小微信贷、个人按揭、债券投资、资产管理、资金业务和国际结算等6项业务中的排名较去年都有提升，而广发银行的信用卡业务也首次跻身前五。可见，近年来股份制银行的竞争力在某些领域已经有了明显的提升。这与本报告第三部分关于不同类型银行机构未来竞争力提升的调查结果也是相吻合的。

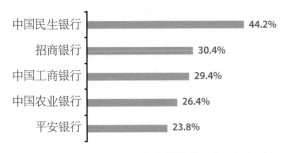

图12-1　2016年小微信贷业务同行评价

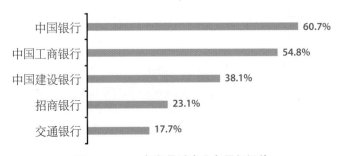

图12-2　2016年贸易融资业务同行评价

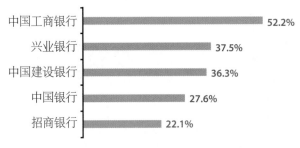

图12-3　2016年同业业务同行评价

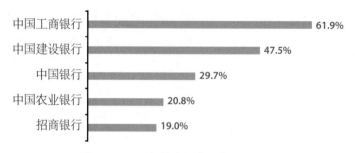

图12-4　2016年债券投资业务同行评价

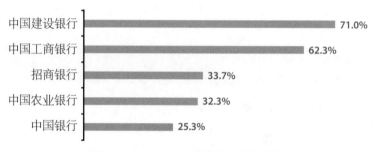

图12-5　2016年个人按揭业务同行评价

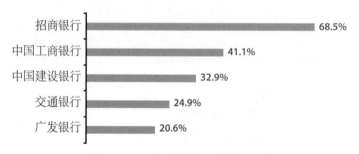

图12-6　2016年信用卡业务同行评价

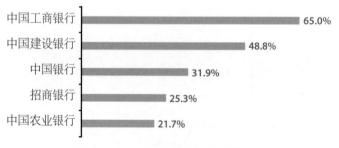

图12-7　2016年资产管理业务同行评价

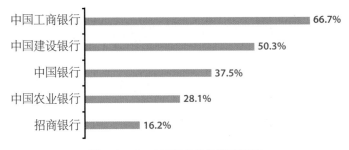

图12-8　2016年资金业务同行评价

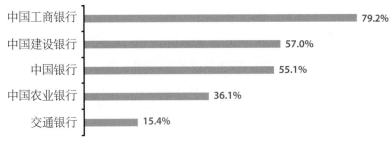

图12-9　2016年资金清算业务同行评价

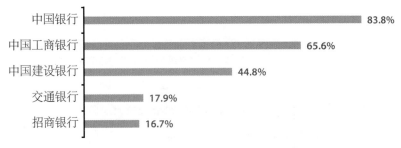

图12-10　2016年国际结算业务同行评价

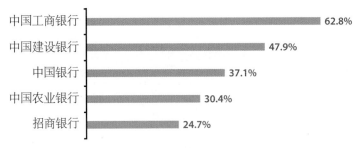

图12-11　2016年代理服务业务同行评价

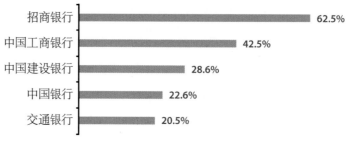

图12-12　2016年私人银行业务同行评价

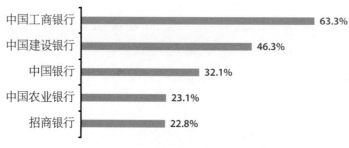

图12-13　2016年资产托管业务同行评价

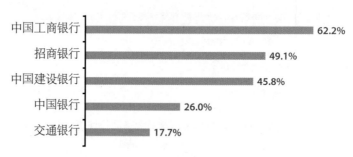

图12-14　2016年电子银行业务同行评价

第十三部分

专题篇

银行业与"三去一降一补"

2015年底的中央经济工作会议强调，要着力加强结构性改革，在适度扩大总需求的同时，去产能、去库存、去杠杆、降成本、补短板，提高全要素生产率，使供给体系更好地适应需求结构的变化。"三去一降一补"既是当前我国的宏观经济背景，又是2016年经济工作的重要内容，是供给侧改革的重要内容，而银行业作为我国重要金融体系中的一环，其不可避免会受到大背景影响，同时也需要主动适应经济环境的变化。

一、改善供给产品结构是供给侧改革的重中之重

伴随中国经济进入新常态，供给与需求的结构性矛盾凸显，供给侧改革已成为中国经济改革的主线。在供给侧改革最需推进的领域调查中，排名前五位的分别为"改善供给产品结构，扩大有效供给"（59.1%），"创新体制机制，推动新消费引领新供给"（58.6%），"过剩产能的去化"（48.1%），"推进要素市场化改革"（35.8%），"降低制度性交易成本，简政放权"（30.8%）。逾半数银行家认为改善供给产品结构、创新体制机制是供给侧改革中最亟须推进的领域，这两项分别从产品端和机制方面激发活力，扩大有效供给，提高供给结构对需求结构的适应性，较为直接地刺激供给端，契合供给侧改革的内涵。过剩产能去化、降低制度性交易成本、推进要素市场化改革也是针对当前中国经济的结构问题所提出的亟须改进的领域，分别通过优化产业结构、改善实体经济环境、激发市场活力等方面使供给和需求更加匹配，调节、优化经济结构，与"三去一降一补"重要任务的内涵相吻合。

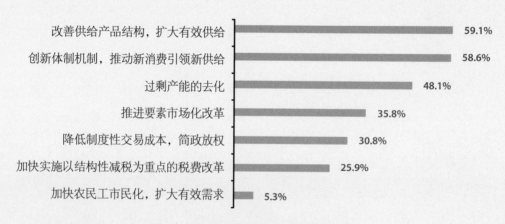

图1-1　供给侧改革中最亟须推进的领域

二、"去旧扶新"是银行支持供给侧改革的主要思路

关于银行配合供给侧结构性改革所侧重的工作中，超过七成的银行家认为"降低产能过剩行业企

业、'僵尸企业'和低效领域对信贷资源占用"（71.6%）是银行的首要工作。其次，"加强风险管理，严守金融风险底线"（65.0%）和"增加对战略新兴产业企业的支持"（61.4%）也广受关注。数据反映出银行家们在供给侧改革方面的工作思路：从行业角度看，区别对待，对过剩行业加强风险管理，对战略新兴产业给予信贷支持。从周期角度来看，分轻重缓急，眼下优先完成"治标"工作——去产能、去库存、去杠杆，长远处理"治本"任务——创新产品、优化能力、提升效率，最终达到降成本、补短板。

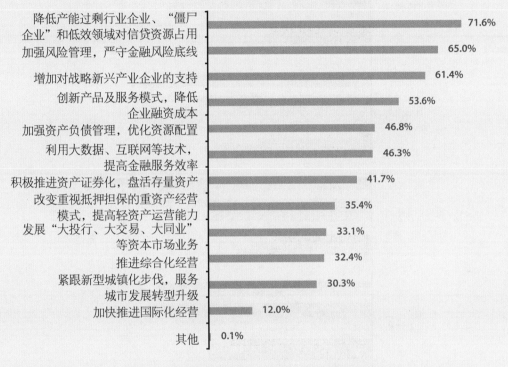

图1-2　银行配合供给侧结构性改革所侧重的工作

　　具体到不同类型银行，在配合供给侧结构性改革方面的工作重点差异性较大。大型商业银行把"降低产能过剩行业企业、'僵尸企业'和低效领域对信贷资源占用"（75.2%）放在首要位置，而"增加对战略新兴产业企业的支持"（70.4%）和"加强风险管理，严守金融风险底线"（63.6%）则紧随其后。股份制商业银行和城市商业银行的工作布局同大型商业银行基本一致。而农村中小金融机构则优先着手"加强风险管理，严守金融风险底线"（70.3%）和"创新产品及服务模式，降低企业融资成本"（61.3%），这样的区别可能是由于客户结构的关系所导致的。大型商业银行、股份制商业银行及城市商业银行多服务于全国性、区域性的大中型制造业龙头企业，包括各过剩产能企业，因此去产能、降杠杆有巨大的客观需要和实际意义，在配合供给侧结构性改革方面占主要角色；而农村中小金融机构其服务客户多为小微企业客户和一般个人客户，所以其工作重点是对现有业务加强风险管理。外资银行呈现和农村中小金融机构类似的特点，将"加强风险管理，严守金融风险底线"（82.8%）放在首要工作位置，而"增加对战略新兴产业企业的支持"（65.5%）居次位，这是由于外资银行客户由中型企业客户、金融机构客户和高净值个人客户组成所决定的。

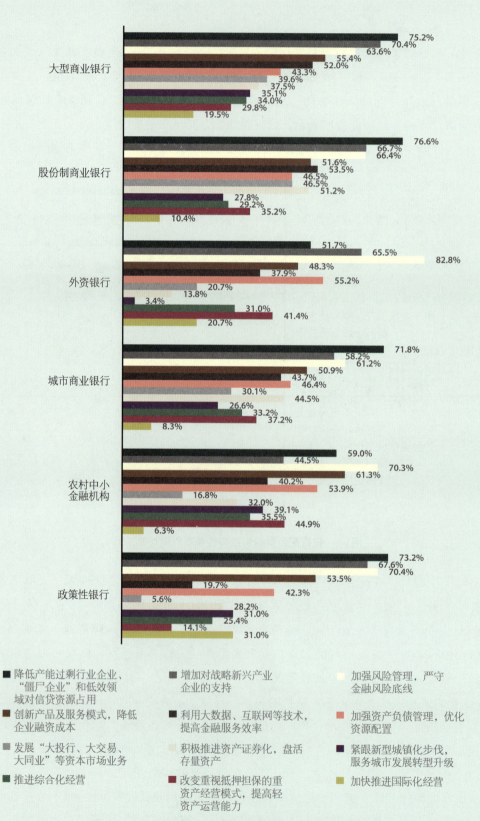

大型商业银行
75.2%
70.4%
63.6%
55.4%
52.0%
43.3%
39.6%
37.5%
35.1%
34.0%
29.8%
19.5%

股份制商业银行
76.6%
66.7%
66.4%
51.6%
53.5%
46.5%
46.5%
51.2%
27.8%
29.2%
35.2%
10.4%

外资银行
51.7%
65.5%
82.8%
48.3%
37.9%
55.2%
20.7%
13.8%
3.4%
31.0%
41.4%
20.7%

城市商业银行
71.8%
58.2%
61.2%
50.9%
43.7%
46.4%
30.1%
44.5%
26.6%
33.2%
37.2%
8.3%

农村中小金融机构
59.0%
44.5%
70.3%
61.3%
40.2%
53.9%
16.8%
32.0%
39.1%
35.5%
44.9%
6.3%

政策性银行
73.2%
67.6%
70.4%
53.5%
19.7%
42.3%
5.6%
28.2%
31.0%
25.4%
14.1%
31.0%

■ 降低产能过剩行业企业、"僵尸企业"和低效领域对信贷资源占用
■ 增加对战略新兴产业企业的支持
□ 加强风险管理，严守金融风险底线
■ 创新产品及服务模式，降低企业融资成本
■ 利用大数据、互联网等技术，提高金融服务效率
■ 加强资产负债管理，优化资源配置
■ 发展"大投行、大交易、大同业"等资本市场业务
□ 积极推进资产证券化，盘活存量资产
■ 紧跟新型城镇化步伐，服务城市发展转型升级
■ 推进综合化经营
■ 改变重视抵押担保的重资产经营模式，提高轻资产运营能力
■ 加快推进国际化经营

图1-3　不同类型银行配合供给侧结构性改革所侧重的工作

三、约八成银行家认为产业升级转型拓展新市场带来重大机遇

调查显示，约八成银行家认为产业升级转型拓展新市场是供给侧改革为商业银行发展带来的重大机遇。新兴行业具有长期可持续的发展潜力，在市场、产品、技术等方面存在较大的发展空间，银行能够在新兴产业的服务模式、目标客户、销售渠道等方面抓住需求，开拓新的业务模块。同时，随着我国居民财富的增长，居民消费模式已经从"模仿型排浪式向个性化转变"。个性化、多样化的消费需求会推动银行开展更为丰富的金融服务，在信用卡、理财、跨境支付、金融顾问等方面为银行带来更多的机遇。因此，银行家认为"居民消费升级产生新的需求"（50.8%）也是供给侧改革为商业银行发展带来的重要机遇。

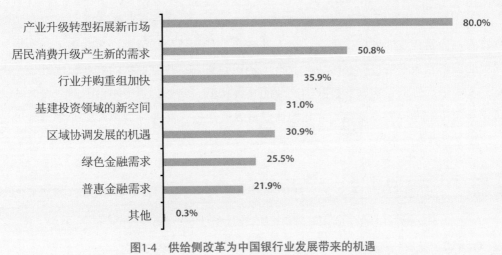

产业升级转型拓展新市场　　80.0%
居民消费升级产生新的需求　　50.8%
行业并购重组加快　　35.9%
基建投资领域的新空间　　31.0%
区域协调发展的机遇　　30.9%
绿色金融需求　　25.5%
普惠金融需求　　21.9%
其他　　0.3%

图1-4　供给侧改革为中国银行业发展带来的机遇

四、主动调整信贷结构是银行业应对"三去"大环境的主要策略

"三去"大环境下，85.4%的银行家认为应该主动调整信贷结构，74.4%的银行家认为应该更加注重金融风险把控，55.1%的银行家选择应该用市场化的方式来处置不良资产。事实上，我国商业银行不良贷款与过剩产能行业密切相关，银行急需转向优质产业来调整信贷结构。随着供给侧结构性改革的推进，实体经济融资需求呈现逐步向小微企业和新经济业态转移，这为银行紧跟发展趋势主动调整信贷结构提供了契机。银行应把握宏观政策导向和经济发展趋势，大力支持绿色经济发展、推动战略性新兴产业成长，主动改善信贷结构、降低信贷风险。

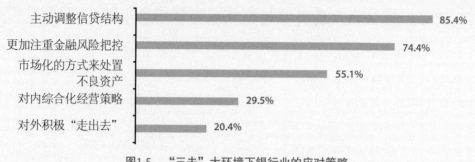

图1-5 "三去"大环境下银行业的应对策略

银行业是我国金融体系中的重要一环，也是支持"三去"的金融生力军。银行家认为可以从以下几方面支持"三去"："对新兴产业信贷支持"（79.7%）、"对过剩产能行业严格限贷"（64.8%）、"对小微、'三农'等薄弱环节支持"（53.4%）、"提升服务效率，降低不必要的中间费用"（37.3%）、"加大对中西部地区的金融支持"（24.7%）。落后产能的严重过剩，使市场供求失调、资金利用率降低、优质企业的发展受抑制，极大地降低了行业整体竞争力，也减慢了经济增长步伐。因此，银行应将信贷资源从产能过剩及落后产业有序转移到新兴及政府扶持的产业，向具备经济增长动力的产业倾斜，改善银行信贷结构以支持我国产业的升级转型。此外，对于小微、"三农"等薄弱环节，银行可以通过专项政策进行重点支持，弥补实体经济发展短板，并通过规范中间业务，减少收费项目、降低费率，降低企业融资成本。

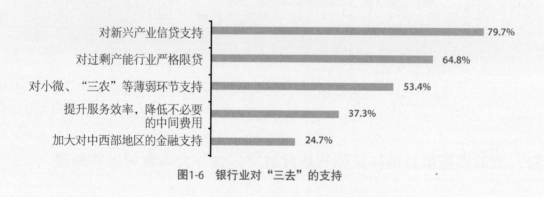

图1-6 银行业对"三去"的支持

五、利润空间下降是"三去一降一补" 带来的首要冲击

"三去一降一补"是供给侧改革的重要任务，是2016年的经济工作重点。银行家认为"三去一降一补"对银行业的冲击包括"利润空间下降"（64.3%）、"整体发展速度放缓"（52.8%）、"资产质量恶化"（52.8%）、"不良资产处置困难"（46.1%）等。在当前经济增速放缓、产业结构失衡、不良资产攀升的背景下，银行的盈利能力大大受限。加之利率市场化带来的挑战，银行体系资金成本上升，存贷利差收窄，盈利能力下降，因此利润空间下降基本成为银行家的共识。

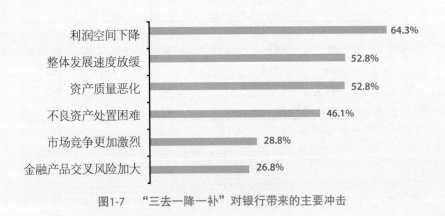

図1-7 "三去一降一补"对银行带来的主要冲击

与此同时，"资产质量恶化"（52.8%）也是银行家认为的重要冲击之一。逾六成银行家认为资产质量恶化的原因在于"行业过于集中"（64.8%），其他原因还有"上下游产业链过于集中"（17.3%）、"区域过于集中"（11.7%），不足一成的银行家认为是由于"客户规模过于集中"。过去，我国银行贷款投向集中于中上游行业，如钢铁、煤炭、平板玻璃、水泥、电解铝、船舶等，随着"三去一降一补"进程的推进，这些过剩行业的风险逐步暴露，而集中于这些行业的信贷资产质量也面临恶化的风险。

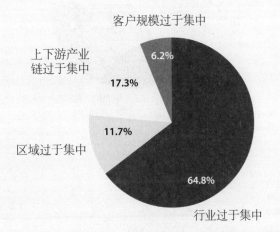

图1-8 "三去一降一补"过程中形成资产质量恶化的原因

从调查结果来看，"三去"过程中不同类型银行所受冲击程度从大到小依次是中小型银行（34.7%），城商行、农信社等（29.0%），大型银行（23.3%）。11.7%的银行家认为各类银行无明显差异。从结果分布来看，中小型银行在各类型银行的选择中均位列前两名。中小型银行可能因为其客户结构、信贷覆盖面等原因，盈利能力与抵御风险能力弱于大型银行，且政策性支持相对薄弱，因此可能在"三去"过程中较其他类型银行而言面临更大的冲击。此外，各类银行均认为本类银行受到的冲击较大。

	总体	政策性银行及国家开发银行	大型商业银行（工、农、中、建、交、邮）	全国性中小型股份制商业银行	区域性城市商业银行	农村中小金融机构	外资银行
外资银行	1.3%	0	1.8%	0	1.3%	1.1%	10.0%
大型银行	23.3%	20.0%	47.5%	14.0%	14.0%	22.2%	20.0%
中小型银行	34.7%	53.3%	24.7%	54.8%	33.7%	31.4%	25.0%
城商行、农信社等	29.0%	6.7%	12.6%	21.0%	38.0%	38.9%	25.0%
各类银行无明显差异	11.7%	20.0%	13.5%	10.2%	13.0%	6.5%	20.0%

图1-9 "三去"过程中受到的负面冲击更大的银行类型

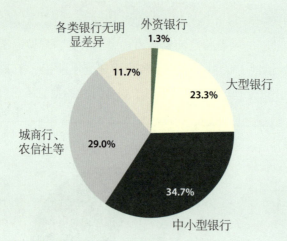

图1-10 "三去"过程中受到的负面冲击更大的银行类型——分银行类型

经济下行周期下的银行业经营之策

步入2016年，中国经济的增长中枢继续下移，在供给侧改革和结构性调整的主基调下，经济进入长期L形的发展阶段。经济下行周期，银行业的利润增速也从前一周期的两位数高增长，降至个位数增长。与此同时，实体经济需求不振叠加信用风险加速暴露，使得银行业的经营愈发艰难。

中国银行业正经历一场前所未有的转型挑战，在这种腹背受敌的境况下，如何抓住危机下的机遇，适时做出战略调整，成为银行业经营的当务之急。

一、超半数银行家认为风险暴露增加是经营最大困境

经济下行周期，信用风险的暴露更加突出。调查结果显示，超过半数的银行家认为，经济下行对银行业经营造成的最大困境是风险暴露增加，占比达到54.5%。风险暴露的增加在银行业的经营中，表现为不良贷款率和不良贷款额的双升。截止到2016年6月底，全国商业银行的不良贷款率已经与第一季度持平，达1.75%，虽然第二季度稍有缓和，但短期内仍难以预见拐点的出现。

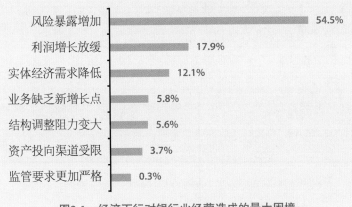

图2-1 经济下行对银行业经营造成的最大困境

二、提升风险管控能力与调整信贷行业结构是应对经济下行的战略选择

在风险暴露增加与利润增速下降的双重压力之下，准确的战略目标定位有益于中国银行业积极应对挑战。超七成（77.8%）的银行家认为风险管控能力提升是最应优先考虑的战略目标，选择业务结构调整的银行家占比也超过了六成（60.9%），显示出银行家普遍认为，在经济下行期，守住资产质量底线与提

升风险意识和管控能力更为紧要。保持利润增长（20.1%）居最后一位，显示出银行家普遍认为，在经济下行期，盈利的增长已经不再是优先考虑的战略目标。

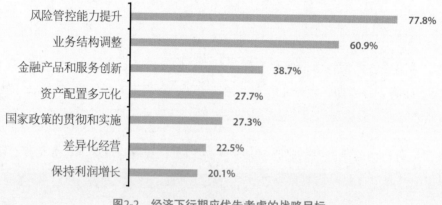

图2-2　经济下行期应优先考虑的战略目标

在应对措施选择上，过半数（53.1%）的银行家认为，积极调整信贷行业结构最有助于提高银行业的应对能力。这一观点从上半年上市银行的经营数据中得到了印证。制造业、批发零售业等不良高发行业的信贷占比进一步压缩，以基建、公用设施等为主的非周期性行业信贷占比提升，银行业的信贷结构进一步优化。"创新业务品种，优化收入结构"（49.9%）被银行家选为第二重要的途径。加强风险管理（48.8%）、积极调整资产负债结构（44.2%）也被认为有助于提高银行业的应对能力。值得注意的是，加强不良资产处置（29.6%）以及充分计提减值准备（6.5%）等被动措施占比较低。这反映出银行家认为主动的事前预防相较于被动的事后处置作用更为明显。此外，银行家认为，降低业务及管理费用（3.6%）、优化内部制度和流程（8.0%）等常规措施在经济下行期的作用相对有限。

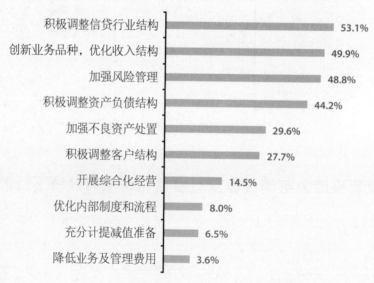

图2-3　有助于提高银行业应对能力的措施

资产结构的调整和资源的有效配置，对于缓解经济下行周期的风险暴露、改善收入结构以及维持利润增长有着重要意义。根据调查结果，银行家认为完善资产质量指标预警体系和重视资产管理战略环境研究是最应关注的方面，占比分别为75.4%和55.6%。表明在我国银行业的发展进程中，由于缺乏应对经济下行和风险暴露的经验，全面的风险预警体系尚需完善，风险事前防控机制亟待加强。同时，对战略环境变化管理的能力相对欠缺，也成为制约银行业资产结构调整和资源配置的主要因素。

　　相比较而言，信贷资产与非信贷资产占比调整（40.1%）、存量和新增信贷分类管理（37.6%）、表内与表外资产占比调整（21.1%）等相对传统的措施在经济下行期受到的关注较少，显示出我国银行业对资产的配置已经越过初期的简单结构调整阶段，向更高层次更系统化的阶段发展。

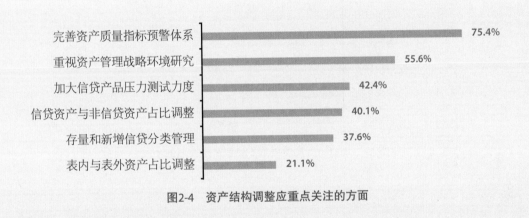

图2-4　资产结构调整应重点关注的方面

三、不良资产证券化成为经济下行周期处置不良资产的最有效手段

　　在经历了上一轮不良资产剥离之后，我国银行业对于不良资产的处置已经形成了相对全面多样的处置手段，银行家认为在此轮不良资产的处置中不良资产处置的手段会呈现新的变化。调查结果显示，超六成（60.3%）的银行家认为，不良资产证券化将成为最有效的手段。截至2016年8月底，中国银行业累积发行四单不良ABS产品，发行金额约40亿元。得益于监管部门对于试点的积极推动，不良资产证券化通过对收益和风险的完全剥离，能够实现资产的真实出表，代表了不良资产处置的新路径，对于化解银行业资产质量压力起到重要作用。随着试点的不断推进和产品运作的进一步常态化，规模有望继续扩大。

　　其次，选择重组方式处置不良的银行家占比也达到了56.6%，位居第二。重组对于经济下行期而言，能够实现企业资产的有效整合，实现优胜劣汰，也是处置不良资产的有效手段。此外，选择依法收贷（47.4%）、核销（37.6%）和批量转让（35.3%）的银行家占比也相对较高，表明银行家认为传统的手段在不良资产化解中的作用依然不可忽略。应当注意的是，选择不良收益权转让的银行家占比（25.8%）较小，反映了在监管对于不良收益权转让继续涉入部分仍需计入不良监管指标要求下，其相对吸引力下降。同时，选择"债转股"的银行家占比（24.8%）居最后一位，也充分表明了银行家对于"债转股"中银行所承担风险以及最终效果的担忧。

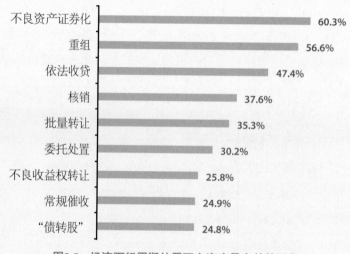

图2-5　经济下行周期处置不良资产最有效的手段

不同类型银行机构对不良资产处置手段的选择差异性较为明显。调查结果显示，股份制商业银行和大型商业银行选择不良资产证券化的占比在所有类型银行中最高，分别为73.6%和60.8%，此两类银行也是上半年不良ABS试点的主体。同时，此两类银行对重组手段的选择占比也最高，分别为71.7%和58.2%，体现了不良资产处置的市场化取向。相比较而言，政策性银行和农村金融机构选择依法收贷的占比最高，分别为80.3%和71.3%，选择核销的占比也在所有类型银行中最高，分别为40.0%和43.1%，表明此两类银行在不良资产处置中，对传统方法的依赖度更高。

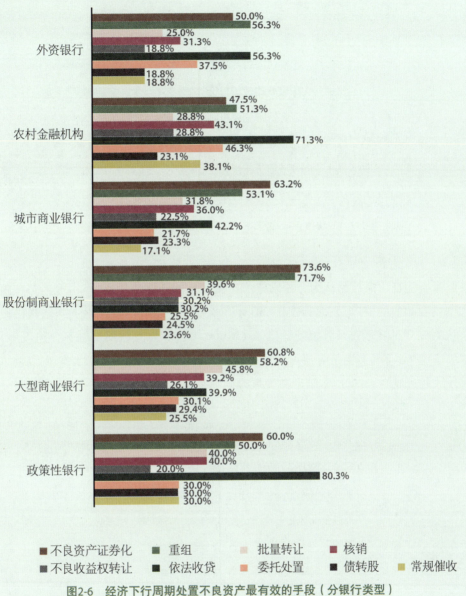

外资银行
50.0%
56.3%
25.0%
31.3%
18.8%
56.3%
37.5%
18.8%
18.8%

农村金融机构
47.5%
51.3%
28.8%
43.1%
28.8%
71.3%
46.3%
23.1%
38.1%

城市商业银行
63.2%
53.1%
31.8%
36.0%
22.5%
42.2%
21.7%
23.3%
17.1%

股份制商业银行
73.6%
71.7%
39.6%
31.1%
30.2%
30.2%
25.5%
24.5%
23.6%

大型商业银行
60.8%
58.2%
45.8%
39.2%
26.1%
39.9%
30.1%
29.4%
25.5%

政策性银行
60.0%
50.0%
40.0%
40.0%
20.0%
80.3%
30.0%
30.0%
30.0%

■不良资产证券化　■重组　批量转让　■核销
■不良收益权转让　■依法收贷　委托处置　■债转股　常规催收

图2-6 经济下行周期处置不良资产最有效的手段（分银行类型）

四、不同类型商业银行的战略调整存在差异性

调查显示，不同类型商业银行在经济下行期的战略调整，除应重视适度规模扩张、加强结构调整以及提升风险管控能力外，还应重点结合自身的特点和定位，关注独特性和差异性。

对政策性银行而言，超四成（40.4%）的银行家认为，提高风险管控能力仍是最需关注的战略调整方向。而除此之外，最应关注的是贯彻落实国家战略政策目标（32.9%），体现了政策性银行在整个金融体系中的独特定位。

图2-7　政策性银行在经济下行周期应重点关注的战略调整

对大型商业银行而言，银行家认为，探索资产结构优化的新途径（34.6%）成为最应重点关注的战略调整方向。大型商业银行的资产负债管理体系相对更加完善，能够引导探索资产结构优化的最新方向。此外，银行家认为建立风险预警及危机处置机制（30.9%）、加强互联网金融平台建设（25.5%）、提高全面风险管理渗透度（20.9%）也是应该重点关注的方向。相比较而言，加强综合化经营（8.1%）以及加强海外布局、分散业务风险（15.8%）等业务发展方向在经济下行期受到的关注度下降。

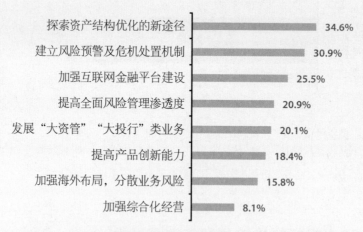

图2-8　大型商业银行在经济下行周期应重点关注的战略调整

对股份制商业银行而言，银行家认为，控制高风险行业信贷投放（44.2%）以及提高资产配置和管理能力（39.5%）是最应重点关注的战略调整方向。其次，提高产品创新能力（21.8%）、控制资产规模扩张（20.5%）以及关注表外风险管理（19.6%）等也受到较高关注。这体现出银行家对于规模快速扩张的股份制银行信贷行业结构的担忧，以及对同业和自营投资类资产的配置结构和风险管控能力的关注。

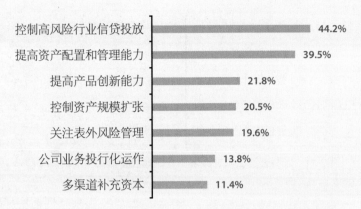

控制高风险行业信贷投放　44.2%
提高资产配置和管理能力　39.5%
提高产品创新能力　21.8%
控制资产规模扩张　20.5%
关注表外风险管理　19.6%
公司业务投行化运作　13.8%
多渠道补充资本　11.4%

图2-9　股份制商业银行在经济下行周期应重点关注的战略调整

对城市商业银行而言，银行家认为，首要的关注点在于降低业务区域集中度，占比超过四成（41.5%）。究其原因，主要是城市商业银行的发展很大程度上聚焦所在城市，业务集中度较高导致风险较为集中，适度地分散业务区域，有利于降低区域性风险。其次，选择开展投贷联动等权益类投融资的银行家占比达到35.6%，体现出银行家较为关注城市商业银行在高新技术等领域的权益性投资机会。

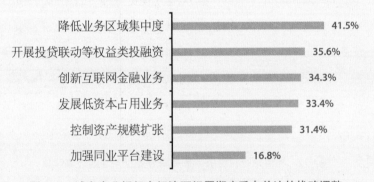

降低业务区域集中度　41.5%
开展投贷联动等权益类投融资　35.6%
创新互联网金融业务　34.3%
发展低资本占用业务　33.4%
控制资产规模扩张　31.4%
加强同业平台建设　16.8%

图2-10　城市商业银行在经济下行周期应重点关注的战略调整

对农村金融机构而言，银行家认为，抓住供给侧改革和结构性调整的战略方向，服务新型城镇化建设，成为关注重点，占比超过四成（41.5%）。农村金融机构在充分立足本地的前提下，大力支持基础设施建设，提高城镇化水平，能够有效契合经济下行和结构转型的方向。其次，也应注意到，由于风险管控体系的相对弱化，强化操作风险管理（34.9%）也是农村金融机构有效防范经济下行期风险暴露的重要方面，受到银行家的重点关注。

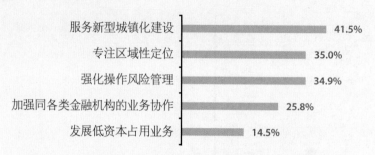

图2-11 农村金融机构在经济下行周期应重点关注的战略调整

对民营银行而言，银行家认为，专注小微大众特色定位（31.2%），创新互联网金融、智慧银行、移动金融等模式（30.9%），突出"三农"、科技、园区、供应链金融等专业化经营（27.0%）成为经济下行期应重点关注的战略发展方向。充分体现了民营银行区别于传统商业银行的独特定位，能够有效地弥补传统商业银行体系的服务盲区。

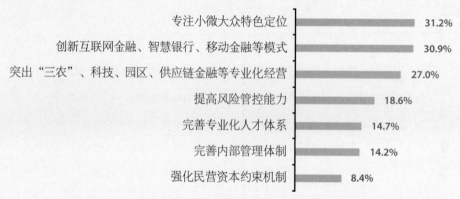

图2-12 民营银行在经济下行周期应重点关注的战略调整

专题报告三

不良资产处置与"债转股"

自2011年第四季度以来，中国银行业不良贷款余额和不良贷款率"双升"态势已持续整整四年，逾期、欠息贷款及关注类贷款也快速增加。在风险频发、不良资产攀升的大环境下，处置不良资产成为中国银行业当前工作的一大重点。对于存量不良资产，除传统处置模式之外的创新处置方式也开始成为业界讨论的热点，不良资产证券化、"债转股"等处置方式逐渐成为热议焦点。

一、"三期叠加"背景下银行不良持续走高

2016年，中国银行业不良贷款余额和不良贷款率持续走高，尽管如此，69.5%的银行家认为目前中国银行业不良贷款仍尚未充分暴露，26.9%的银行家选择了基本充分暴露，只有极少一部分银行家选择已经充分暴露或尚未暴露。由此可见，大部分银行家都同意中国银行业不良贷款比率尚未触及顶点，经济新常态下中国银行业不良贷款将持续维持上升态势，未来的几年内仍面临较大压力。

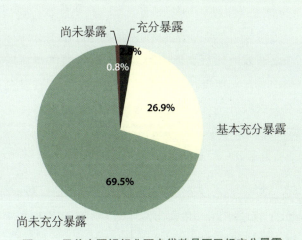

图3-1　目前中国银行业不良贷款是否已经充分暴露

对于不良贷款率暴露洪峰的时间，61.4%的银行家认为是未来1~2年，30.2%的银行家则认为暴露洪峰会出现在3~5年以后。

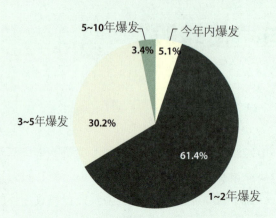

图3-2　不良贷款率暴露洪峰的到来时间判断

对于不良贷款上升的原因，调查结果显示，58.7%的银行家认为主要由宏观层面引起。在延续经济增速换挡期、结构调整阵痛期和前期政策刺激消化期"三期叠加"的背景下，实体企业普遍出现周期性产能过剩，部分行业现金流萎缩，利润下滑。从过去几年情况看，我国GDP增速由2010年的10.2%降至2015年的6.9%，积累的风险正在逐步爆发。根据近期的出口、消费、投资、工业用电量和运输量等数据，经济增速放缓的压力仍较大，这都是银行业不良贷款形成的重要外部因素。

31.1%的银行家认为不良贷款上升主要由中观层面引起，产能过剩行业信用风险爆发。目前，产能过剩的行业主要集中在钢铁、有色金属、水泥、造船和电解铝等行业。这些行业具有较高的资产负债率，却又同时面临盈利能力差、缺乏有效的信用支撑的困境，在宏观经济整体增速不振的情况下，流动性风险的不足会加速信用风险的集中暴露。前期过剩企业信贷大幅扩张，盲目多元投资、现金流链条紧张，累积了相当的信用风险。随着国内经济下行，这些行业开始出现收入增长乏力、投资回报下降等情况，迅速波及银行体系，银行贷款随之过度紧缩甚至冻结，造成不良贷款上升。

图3-3　当前导致中国银行业不良贷款上升的最主要原因

对于未来一段时间内哪些重点区域的不良贷款率承压较大这个问题，各位银行家各持己见。总体而言，东北地区和长三角地区的不良贷款问题承压较大，按照高低顺序依次为东北地区、长三角地区、东南沿海地区、珠三角地区、中部地区、西部地区、京津冀地区，比例依次为47.9%、40.5%、36.9%、36.8%、33.5%、32.7%、26.2%。

东北地区作为我国老工业基地，工业基础雄厚，煤铁石油资源丰富，是我国重要的石油化工、钢铁、机床、汽车、电站成套设备、船舶、飞机制造基地。随着中国经济逐渐步入转型期，不同区域之间由于政策导向、产业结构、资源禀赋等种种方面的差异，经济增长出现了急剧分化的趋势，以钢铁、煤炭等行业为代表的传统产业出现了严重的产能过剩，以传统重工业为主的东北经济受到了前所未有的冲击，经济增长出现了显著下滑。此外，2015年下半年以来，债券市场信用事件多发，其中东特钢事件引发市场对于东北地区企业违约的集中担忧，信用环境恶化，引起了更多银行家的重视。

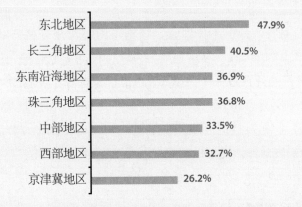

图3-4　未来一段时间内不良贷款率承压较大的重点区域

二、不良处置方式向多元化、创新化发展

在银行业不良贷款率普遍攀升的情形下，各家银行不良资产处置方式也逐渐丰富。目前来看，绝大多数银行家选择使用依法收贷（72.2%）、常规催收（68.0%）、核销（49.3%）、重组（49.1%）等传统方式处置不良资产。除此之外，还分别有25.5%选择了批量转让，15.6%选择委托处置，10.9%选择不良资产证券化，5.1%选择不良收益权转让，4.2%选择"债转股"的方式。

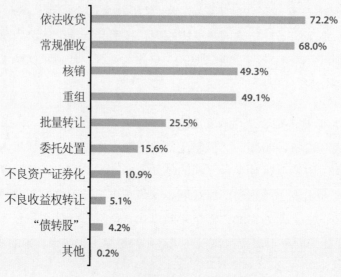

图3-5 目前使用最多的不良资产处置方式

　　尽管目前大部分银行仍主要依赖于不良催收、核销重组等常规处置方式，只有少数银行开始着眼于不良收益权转让或证券化、"债转股"等新型处置方式，但随着监管部门的政策放开和支持，在未来三年内比较适合我国商业银行的处置方式中，66.6%的银行家选择了不良资产证券化，位居第一；其次依次是重组（50.8%）、依法收贷（36.8%）、"债转股"（36.4%）、批量转让（33.8%）、委托处置（31.6%）、不良收益权转让（30.7%）。由此可见，为应对新时期的不良贷款问题，银行家不仅需要完善各项传统处置方式，更要积极创新，提高收款效率。

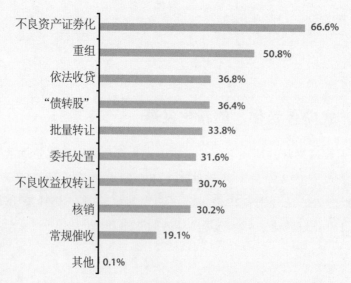

图3-6 未来三年内适合我国商业银行大力发展的不良资产处置方式

三、银行业不良资产处置依然面临内外部挑战

调查数据显示，大多数银行家认为目前限制我国银行业不良资产处置最主要的三个外部环境问题分别为法院诉讼追偿效率低，处置时间长（79.4%）；抵质押品处置难度大，担保效果差（67.4%）；以及缺少新的不良资产处置方式（46.9%）。

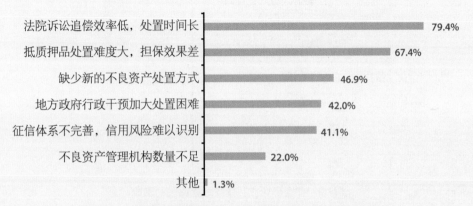

图3-7 目前限制我国银行业不良资产处置的外部环境问题

我国商业银行在解决不良资产处置过程中，基于系统的全流程风险控制能力是内部能力发展瓶颈。排名居首的为健全银行信贷管理系统，进行全流程风险控制（76.2%）；其次是采取适当的不良资产处置手段与方案设计（69.4%），以及建立高效的不良资产催收团队（60.7%）。

图3-8 我国商业银行解决不良资产处置最有待建设的内部能力

"僵尸企业"大多曾是各地区重要企业，缺乏主动变革与市场化经营的意识，往往依赖外部输血或政府救助来维持企业存续，导致银行负担过重。在"僵尸企业"贷款处置面临的困难方面，银行家的选择较为分散，显示出"僵尸企业"贷款处置工作难度大、任务重的特点。困扰银行家的主要问题分别是："僵尸企业"很少进入市场化破产程序实现退出（52.6%）、"僵尸企业"破产涉及多方利益群体，面临协调困难（49.8%），以及"僵尸企业"资产变现比较困难，难以足额支付改革成本（45.2%）。

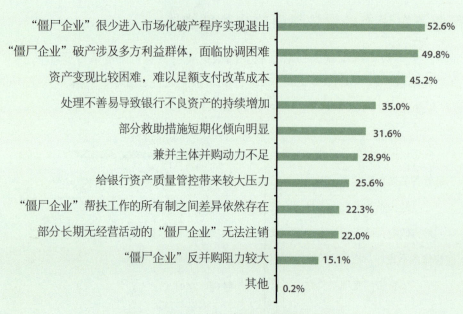

图3-9 "僵尸企业"贷款处置面临的困难

四、以"债转股"化解不良的效果有待观察

目前市场热议的"债转股",是指通过将债权转化为股权,进行特殊债务重组的一种方式。上一次我国大规模通过"债转股"的方式处置不良资产是1999年。与上一轮"债转股"不同的是,本轮"债转股"的核心目标在于降低银行业与金融体系的风险,是供给侧改革的配套措施之一。但是据调查,47.2%的银行家认为"债转股"这一处置方式并不能真正避免银行业所面临的危机,风险依然存在,只是推迟风险暴露。

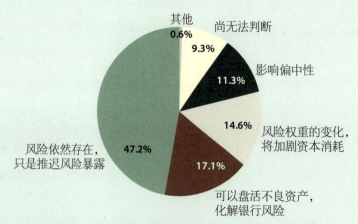

图3-10 "债转股"对中国银行业不良资产处置的影响

理论上，"债转股"是比较传统的以"时间换空间"的不良资产处置方式，对于一些行业周期比较长、而当下又确实比较困难的企业来说，不失是一个可行的解决办法。通过将一些潜在的不良债务转换为权益，可以短期内降低不良贷款率，确保企业在困难时期平稳过渡。但与此同时，由于我国目前的宏观环境限制，"债转股"的广泛推行也存在一些难点。在法律方面，受《商业银行法》第四十三条规定，商业银行不得向非银行金融机构和企业投资（70.5%）；资本方面，银行"债转股"后的资本占用（67.2%）；退出方面，缺少股权退出机制的设计（61.4%）；效率方面，项目需以"一事一议"的谈判方式推进（53.4%）。这四大难点在一定程度上限制了我国"债转股"方案的实施和推广。

图3-11 目前"债转股"推行的难点

在"债转股"的具体实施方式选择上，39.0%的银行家认为银行应将股权交给资产管理公司运营管理，银行定期获得股息和分红；32.7%的银行家认为银行应将债权卖给第三方，让第三方再将这一笔债权变为股权；24.3%的银行家认为银行应专门成立运营企业股权的子公司，由子公司代为持股；仅有3.9%的银行家认为应直接将银行对企业的债权转为银行对企业的股权。可以看出，对于银行而言，有很大的意愿将此项业务委托出去进行专业化管理。

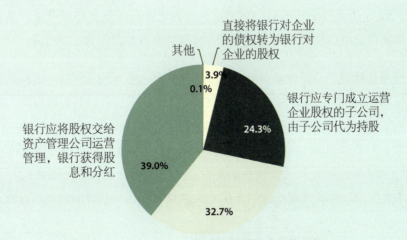

图3-12 实施"债转股"最适合的方式

在实施"债转股"后，商业银行持有的企业债权变为股权，需要通过适当的方式介入企业经营管理，同时有效地降低和防范潜在风险。在具体方案的选择方面，40.7%的银行家认为应该部分参与企业经营管理、行使股东投票权利；另有39.0%的银行家认为银行自身业务就已经纷繁复杂，根本没有精力参与企业管理，会选择委托资管公司运营；19.4%的银行家认为只有真正积极参与到企业的经营管理中，主导企业资产重组，才能实现真正的风险减免，改善不良现状。

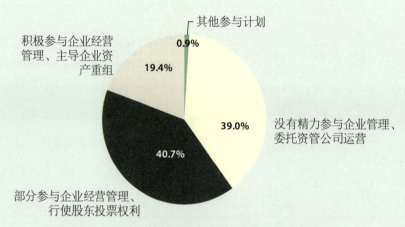

图3-13　实施"债转股"后银行参与企业经营的方式

五、不良资产证券化作为有效不良资产处置方式的推广尚存在一定挑战

2016年不良资产证券化试点工作重启，多家商业银行已发行不良资产证券化产品。如前所述，超过六成的银行家将不良资产证券化作为未来三年内重点发展的不良处置方式。

针对不良资产证券化快速、广泛地在各类银行推广的可行性，37.5%的银行家持保留意见，认为其适用性仍然有待观察；29.1%的银行家认为受银监会82号文影响，不良资产假出表受阻，不良资产证券化空间巨大；19.8%的银行家认为不良资产证券化这种处置方式仅适合部分商业银行；仅有13.6%的银行家坚信不良资产证券化模式可以在各类银行推广。这说明虽然银行家对于不良资产证券化抱有较大兴趣，但是在具体操作层面，由于其产品设计相较传统的不良处置方式更加复杂，大部分银行家对于产品落地还持观望态度。未来不良资产证券化市场的进一步扩大，还需要经历一段时间的推广和实践。

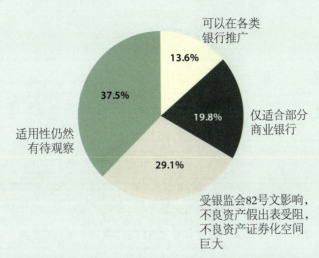

可以在各类
银行推广
13.6%

37.5%

19.8% 仅适合部分
商业银行

适用性仍然
有待观察

29.1%

受银监会82号文影响,
不良资产假出表受阻,
不良资产证券化空间
巨大

图3-14 不良资产证券化作为有效的不良资产处置方式在银行业推广的可能性

　　不良资产证券化作为一种解决银行流动性问题的金融创新工具,在当前银行业不良积压的背景下有助于加快不良资产的处置变现过程。但如同"债转股"方式的推广一样,不良资产证券化也同样面临许多现实困难。据调查,66.2%的银行家认为不良资产证券化面临较大的技术困难,特别是估值定价、现金流重组和评级难度大,这也说明市场发展有赖于专业化产品设计团队的增加;60.1%的银行家认为不良资产证券化将发行困难,发行方议价能力弱,处置成本高;54.3%的银行家认为市场发展将面临投资限制,即参与不良资产证券化的市场投资者少;50.1%的银行家认为证券化产品刚兑难破,无法将银行不良风险真正转移给市场等难点。仅有17.2%的银行家认为因为额度有限,不能实际解决银行不良处置问题。

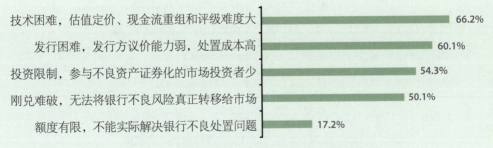

技术困难,估值定价、现金流重组和评级难度大　66.2%
发行困难,发行方议价能力弱,处置成本高　60.1%
投资限制,参与不良资产证券化的市场投资者少　54.3%
刚兑难破,无法将银行不良风险真正转移给市场　50.1%
额度有限,不能实际解决银行不良处置问题　17.2%

图3-15 目前推广不良资产证券化最大的困难

　　针对上述问题,未来要想快速扩展不良资产证券化市场,大部分银行家认为应该着重完善的基础设施有信息披露的配套规则(39.3%)和二级市场的配套准则(33.8%),只有信息披露规则完善、二级市场规则健全,才能吸引更多的投资者进入,真正盘活市场,起到分散风险、化解不良的作用;其次是对相关配套会计准则(16.4%)和税收规定的配套准则(10.6%)的完善。

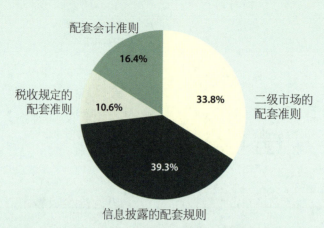

图3-16 扩展不良资产证券化市场最需要完善的基础设施

今年以来，中国银行、招商银行、农业银行、建设银行、工商银行已分别推出了基于不同底层资产的不良资产证券化产品。在产品层面，银行家认为，投资不良资产证券化产品依然将面临基础资产包信息披露不充分（66.0%）、信贷违约导致的权益级证券损失的信用风险（62.1%）、产品设计缺陷导致的结构性风险（49.2%）、产品增信措施不完善（42.6%）等风险因素。

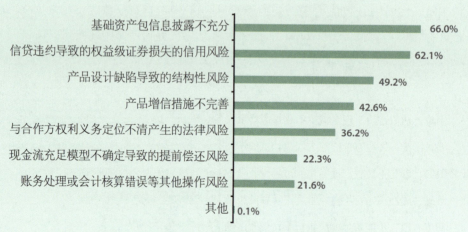

图3-17 目前不良资产证券化产品可能面临的风险

对于投资不良资产证券化产品的决策因素，57.9%的银行家认为发行主体情况是最重要因素；55.6%的银行家选择资本金占用情况；50.2%的银行家选择收益情况；这说明银行在投资不良资产证券化时将主要从风险、收益、成本等方面进行判断。其他需要参考的因素还有银行大类资产配置（34.8%）。只有少数银行家只考虑与其他机构互持不良资产证券化产品（15.3%），极少数完全不考虑投资不良资产证券化产品（11.3%）。

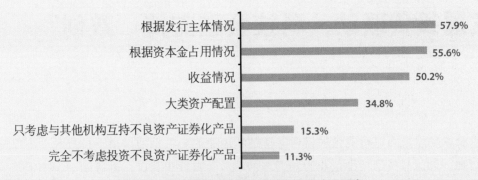

图3-18 商业银行投资不良资产证券化产品因素

银行发展投贷联动，科技金融支持"双创"

目前，投贷联动已成为银行业金融机构支持创新创业的一项重要举措。投贷联动不仅能够解决科创企业的融资问题，满足科技创新型企业的融资需求，对于银行业而言，也有助于去产能下的转型升级，提高对成长类客户的服务能力。2016年下半年，投贷联动试点拉开帷幕，未来发展受到关注。

一、投贷联动中银行家更青睐成长期的科创公司

调查结果显示，在开展投贷联动业务中，52.4%的银行家关注成长期的科创公司，36.5%的银行家关注初创期的科创公司，只有10.7%的银行家关注种子期的科创公司，这与银行相对审慎的经营风格相匹配。

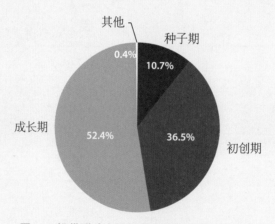

图4-1 投贷联动中银行家关注的科创公司类型

对于科创企业个体，一般具有业务与资产规模有限、发展前景面临诸多不确定因素等特征，这与传统注重抵押品、偿债能力的信贷业务开展存在一定矛盾。为降低上述不利影响，合理把控业务风险，在开展投贷联动中，银行家最为关注企业的行业前景，占比77.2%；其次是企业的研发能力，占比53.9%；再次是企业的商业模式，占比46.3%。而以往信贷业务中比较看重的抵押物、资产状况以及现金流状况，则排名相对靠后。

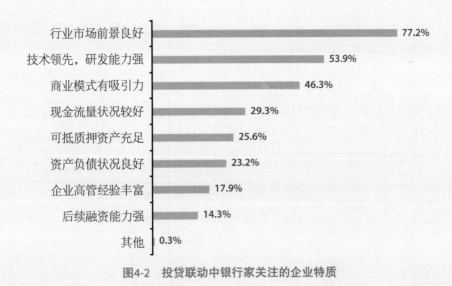

图4-2　投贷联动中银行家关注的企业特质

二、投贷联动开辟新的投资渠道受关注，主要采取与子公司等合作模式

调查结果显示，在开展投贷联动业务的积极作用中，71.1%的银行家认为将开辟投资渠道，扩大投资规模；其次是有利于客户拓展，占比58.2%；履行社会责任占比49.0%，位列第三；仅有3.89%的银行家认为投贷联动业务效果有限。

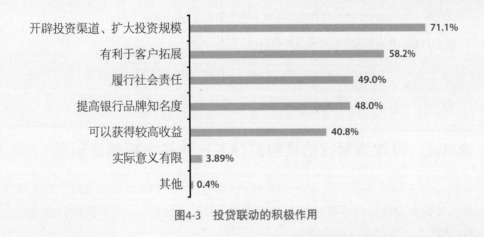

图4-3　投贷联动的积极作用

对于投贷联动的业务合作模式，调查结果显示，银行家认为银行内部信贷投放部门与具有投资功能的子公司进行合作是主要方向，占比33.0%，这有助于银行更好地把控业务风险。与VC、PE机构合作相互参与对方项目评审会，在VC、PE投资后跟进贷款的模式位列第二，占比32.7%，在发挥VC、PE机构专

业能力的同时，可跟进开展贷款以降低业务风险。而组建基金参与股权投资、组建创业投资企业涉及传统商业银行未开展的股权类业务，银行家选择占比较低。

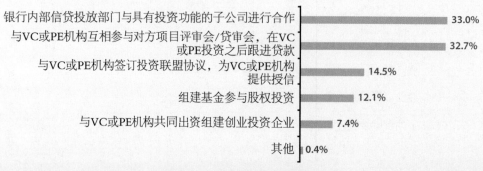

图4-4　投贷联动发展的主要方向

与前一问题的调查结果相对应，对于银行参与投贷联动业务的组织模式，银行家最倾向于申请设立具有投资功能子公司的组织架构，占比36.5%；其次是设立服务科创企业的科技金融专营机构，占比27.6%；利用集团内已有投资功能的子公司位列第三，占比20.8%。

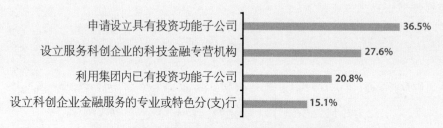

图4-5　内部承担投资责任时银行家青睐的组织架构

三、风险较高、与投资银行的风险偏好不一致是主要制约因素

调查结果显示，58.1%的银行家认为风险相对较高，收益回报期限过长，不确定性大是投贷联动的主要制约因素；其次是商业银行与投资银行的风险偏好不一致，占比57.4%；缺乏投行专业能力与人才也是银行家所担心的问题，占比35.5%，排名第三。

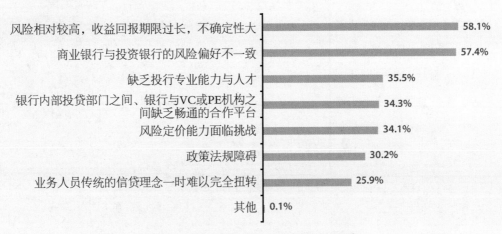

风险相对较高，收益回报期限过长，不确定性大　58.1%
商业银行与投资银行的风险偏好不一致　57.4%
缺乏投行专业能力与人才　35.5%
银行内部投贷部门之间、银行与VC或PE机构之间缺乏畅通的合作平台　34.3%
风险定价能力面临挑战　34.1%
政策法规障碍　30.2%
业务人员传统的信贷理念一时难以完全扭转　25.9%
其他　0.1%

图4-6　银行开展投贷联动业务的制约因素

为了顺利开展科创企业的投贷联动业务，银行家重点关注组建专业化运作团队（65.6%），可见，相关专业性人才队伍的建设，是银行开展投贷联动业务的优先考虑事项。其次是建立专门的风险与收益评价系统（60.0%）、建立投贷联动业务模式（54.3%）。

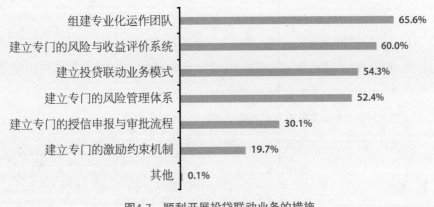

组建专业化运作团队　65.6%
建立专门的风险与收益评价系统　60.0%
建立投贷联动业务模式　54.3%
建立专门的风险管理体系　52.4%
建立专门的授信申报与审批流程　30.1%
建立专门的激励约束机制　19.7%
其他　0.1%

图4-7　顺利开展投贷联动业务的措施

在投贷联动业务风险防控方面，超过八成（81.2%）的银行家认为应建立风险容忍和风险分担机制，这与投贷联动业务和传统信贷业务在风险管理方面存在的差异相关。近七成银行家选择建立"防火墙"机制（69.2%），加强项目调查筛选机制（68.7%），反映出银行家重点关注风险隔离与事前风险预防。

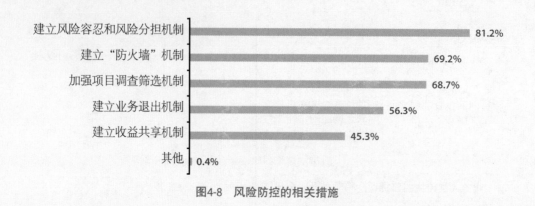

图4-8　风险防控的相关措施

由于业务形式灵活创新，银行家认为民营银行在开展投贷联动业务上具有一定优势。具体来看，61.2%的银行家认为其优势在于发展理念具有创新性、经营管理机制灵活，32.5%的银行家认为是业务战略重视程度高。但相对传统商业银行，民营银行仍处于起步阶段，在专业技术与人才方面优势（19.4%）不明显。

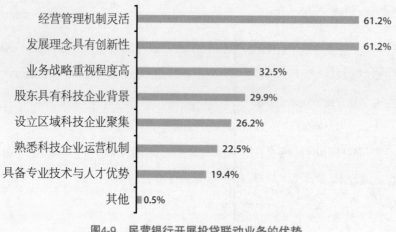

图4-9　民营银行开展投贷联动业务的优势

"资产荒"背景下的大资管、大投行战略

近年来，在实体经济增速放缓、货币供给快速增长的背景下，各类资产的投资收益率不断下降，出现了资金不敢进入实体经济而反复在金融资产间徘徊、资产价格已经明显虚涨却仍受到追捧的"资产荒"现象。从本质上说，"资产荒"现象的产生在于银行等大型资产配置机构对低风险高收益的固定收益类资产需求得不到满足，从而造成负债端高成本与收益端低回报的不匹配。与此同时，中国金融改革正向着纵深化推进，利率市场化、资本项目全面放开以及资本市场改革等措施正不断推出。对银行业而言，一方面，改革倒逼银行业经营模式从存贷汇向主动资产管理与投资银行转型；另一方面，各类创新投资交易标的陆续推出，为资产管理业务提供了广阔的舞台和投融资工具。

在此背景下，银行业应该通过哪些途径破解"资产荒"难题，商业银行未来资管业务发展应该重点定位于哪些业务模式，商业银行开展"大投行"业务应采取哪些关键对策等问题日益成为广受关注的焦点。

一、宏观经济增速放缓、实体经济增长乏力是"资产荒"现象产生的根本原因

绝大多数受访银行家认为，对于"资产荒"现象产生的根本原因是"宏观经济增速放缓"（78.3%）和"实体经济增长乏力，资产风险高企"（76.9%）。从宏观角度来看，整体经济增速的持续下行带来了企业效益的不断下降，导致优势资产的供给减少。从微观角度来看，对实体企业而言，受产能过剩和经济下行、成本上升等因素的影响，利润率正在快速下行，而投资风险却在快速上升，好的投资机会一时难寻。与此同时，银行家认为，货币供给增长过快，流动性泛滥（39.0%）、利率市场化加速推进（38.3%）和货币政策进入降息通道（36.6%）等因素，也进一步加剧了可配置的优质资产供不应求的局面。这与2015年以来，中国央行为了"稳增长"，扩大货币投放规模有着较大关系。

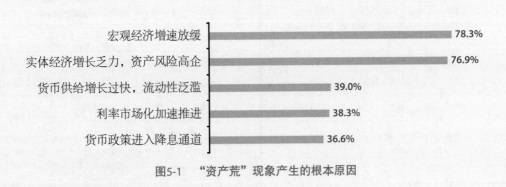

图5-1 "资产荒"现象产生的根本原因

二、"资产荒"加剧银行业经营压力，资产配置多元化、做强资管与理财产品成为破解之道

"资产荒"现象为银行业的经营带来了多方面挑战，多达70.9%的受访银行家认为，"资产荒"现象使得银行业前些年高速的利润增长难以维持。此外，息差下降（61.5%）和不良资产上升压力增大（61.4%）也是银行家们担忧的主要问题。这体现出，"资产荒"现象深刻影响了银行业的经营业绩与风险管控，努力改革转型、寻找新的利润增长点已迫在眉睫。

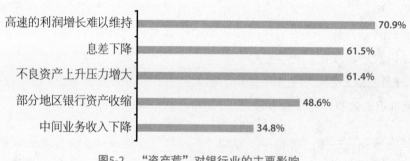

图5-2 "资产荒"对银行业的主要影响

面对"资产荒"带来的挑战，受访银行家提出了不同的应对策略。其中，七成以上（70.6%）的银行家认为资产配置多元化是破解"资产荒"问题的关键，超过六成（61.8%）的银行家认为有必要做强资管与理财产品，顺应"大资管"发展趋势。此外，细分市场参与者结构，差异化配置资产（54.9%）和大力发展投行业务，增大佣金与中间收入占比（54.3%）也受到了受访银行家的重视。这说明，面对优质资产越来越供不应求的局面，将资管业务从业务经营层面提升至战略转型层面，不断提升寻找优质资产的能力，通过多元化资产配置降低投资风险已成为银行业发展与转型的重中之重。

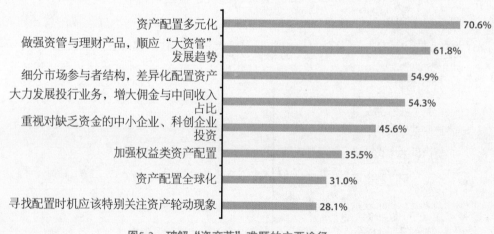

图5-3 破解"资产荒"难题的主要途径

三、理财产品与财富管理业务仍是银行资管发展重点，精品资管模式受青睐

随着中国连续多年的经济增长，居民财富持续增加，居民的投资理财意识不断增强。在此基础上，金融改革的深化为银行资产管理业务提供了良好的发展契机，商业银行经营转型和保持盈利增长则成为推动银行资产管理业务发展的直接推手。值得注意的是，在过去几年，银行资管业务的高速增长，与银行业监管，特别是存贷比限制、贷款规模限制、信贷投放行业限制等也有很大关系。对于未来银行大资管业务的发展，此次调查中的大多数受访银行家表示，做强理财产品、回归资产管理业务本质（60.1%）以及发展以投资顾问为核心的财富管理业务（50.1%）将是所在银行今后一段时间内资管业务发展的主要方向。此外，发力私人银行、服务高净值客户（37.3%），与基金、保险、租赁等子公司协同提供综合资产管理服务（35.4%），以及构建完善的资产托管产品和服务体系（31.9%）也受到了银行家一定程度的重视，而养老金业务、代客资金交易等新兴资管模式并未受到太多关注。

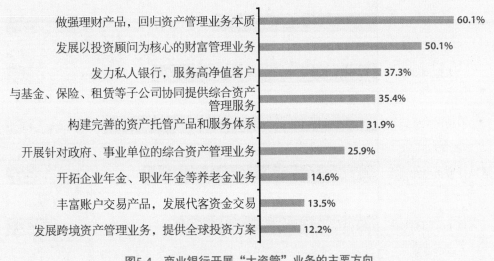

图5-4 商业银行开展"大资管"业务的主要方向

在银行业资管业务的业务模式方面，资金实力、资产配置能力和主要客户群体不同的银行侧重点也有所不同。具体来看，可以分为四种模式：在特定产品或行业上具备专长的精品资管模式；规模领先、产品全面、价值链覆盖广泛的全能资管模式；以投资顾问为核心，为客户提供资产配置和财富管理综合服务的财富管理模式；为资产管理机构提供资产托管、清算、运营等服务的服务专家模式。对此，本次受访银行家也出现了较大的分歧。精品资管模式（33.6%）、全能资管模式（29.0%）和财富管理模式（28.9%）均受到了约三成银行家的认可。这表明，具备不同经营策略的商业银行在发展资管业务时的思路存在较大差异。具体来看，对服务网点较多、资金实力较强的大型商业银行和股份制商业银行而言，分别有高达48.7%和43.1%的银行家选择将全能资管模式作为资管业务发展的主要模式；而对于服务网点

和资产规模不占优势的区域性城市商业银行、农村中小金融机构和外资银行来说，精品资管模式更受青睐，分别有45.0%、35.7%和50.0%的银行家选择将其作为资管业务发展的主要模式。

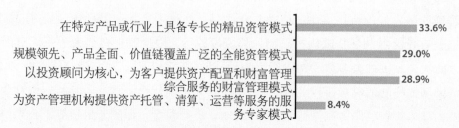

图5-5 银行"大资管"业务的主要业务模式

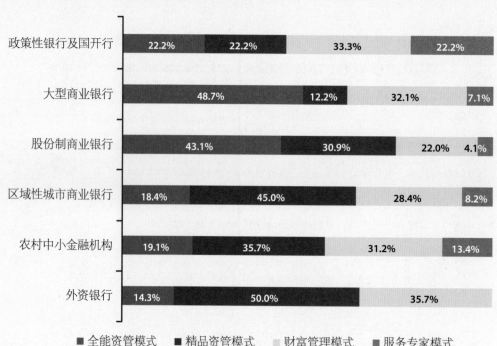

■ 全能资管模式 ■ 精品资管模式 □ 财富管理模式 ■ 服务专家模式

图5-6 不同商业银行"大资管"业务的主要业务模式

四、货币市场与债券市场资产是银行资管产品投向的重点领域，风险管控与投资研究能力备受重视

在"资产荒"的大背景下，不断提升寻找优质资产的能力，通过多元化资产配置降低投资风险至关重要。在资管产品投向方面，货币市场与债券市场资产最受青睐。其中，多达75.7%的受访银行家将境内公司和企业债券、短期融资券、中期票据、私募债券等资产作为资管产品的主要投放方向。此外，境内拆放、（逆）回购、同业存放等货币市场资产（60.6%）和非标准化债券资产（52.2%）也受到了较多关注。具体来看，大型商业银行、股份制商业银行和区域性城市商业银行对非标准化债券资产最为关注，选择将其作为资管产品重点投向领域的银行家占比分别为55.8%、64.2%和59.6%。这说明，在经济下行时期，对于大中型银行而言，通过投资非标准化债券资产来提升投资组合收益率、降低资本消耗的需求依然非常强烈。

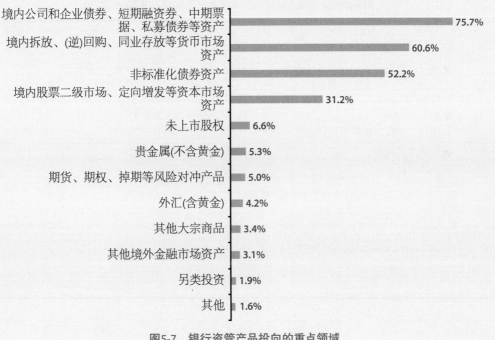

图5-7　银行资管产品投向的重点领域

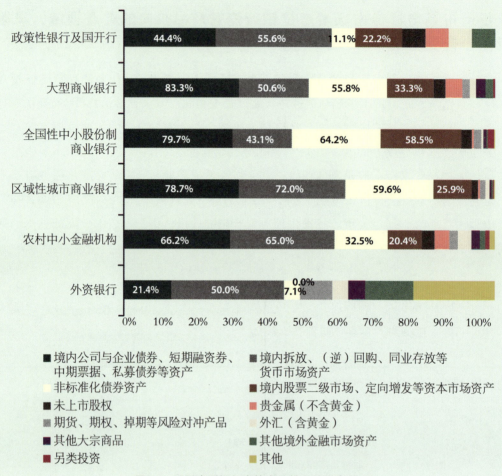

图5-8 不同类型银行资管产品投向的重点领域

商业银行转变盈利模式，发展"大资管"业务，有必要加强多方面的能力。具体来看，超过八成（80.4%）的受访银行家认为全面风险管理能力有待加强。目前，商业银行为了稳定资管业务市场份额，银行理财的预期收益率下降幅度较慢，低息环境迫使金融机构提升风险偏好，加大流动性较低、信用和市场风险相对较高资产的配置，因此风险管控能力的提升受到了最多受访银行家的关注。此外，投资研究能力（64.8%）和跨界资产配置能力（48.3%）也是受访银行家表示将要重点加强的领域。据信，不少商业银行已瞄准直接融资市场、混合所有制改革领域、境外人民币投资市场等新型投资领域，酝酿新的产品形态，而这离不开较强的投研能力与跨界资产配置能力。

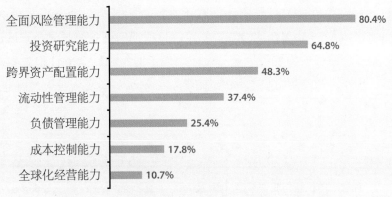

图5-9　商业银行开展"大资管"业务应重点加强的能力

五、基础类投行业务和创新股权投资产品并重是商业银行"大投行"业务发展的主要思路

针对商业银行发展"大投行"业务的主要方式，发展产业基金、PPP项目资本金等创新股权融资产品（66.8%）和做强债券承销、投融资顾问、银团贷款等基础类投行业务（64.4%）均受到了超过六成受访银行家的关注，反映出商业银行既希望进一步做大做强已经较为成熟的基础类投行产品，又希望通过创新型股权融资产品来开辟新的业务渠道，在金融创新领域占据一席之地。值得注意的是，投贷联动、拓宽新的贷款领域（45.9%）也被接近一半的银行家看做是"大投行"业务发展的重点之一，体现了银行业对中国启动投贷联动试点政策的积极响应。

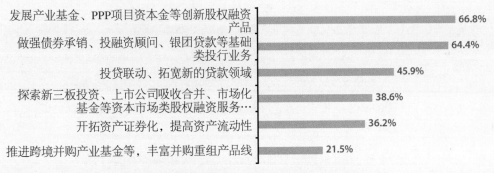

图5-10　商业银行发展"大投行"业务的主要方式

六、差异化经营与健全风险防范是开展"大投行"业务的重要保障

发展"大投行"业务对商业银行而言，既是重大机遇，也是严峻挑战。现阶段，商业银行，尤

其是中小商业银行在开展投行业务的过程中还面临不少困难。其中，业务模式单一、产品缺乏独创性（66.9%）最让银行家们担忧，一些创新能力较弱的银行投行部门仍主要局限在开展债券承销、投融资顾问、银团贷款等传统业务，但目前传统投行业务领域规模逐渐饱和，竞争日趋激烈，如何实现差异化、特色化经营至关重要。此外，风险防范机制和能力不够（60.3%）以及从业人员专业能力不强（59.0%）也不容忽视。

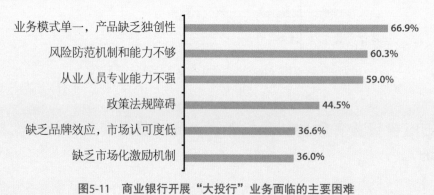

图5-11 商业银行开展"大投行"业务面临的主要困难

相应地，面对业务模式单一，产品缺乏独创性、风险防范机制和能力不够和从业人员专业能力不强等主要挑战，大多数受访银行家认为有必要通过实施差异化经营战略、确定投行业务侧重点（73.0%），建立健全风险防范机制（69.6%）以及构建投行业务精英团队（62.2%）等对策来确保"大投行"业务的顺利开展。

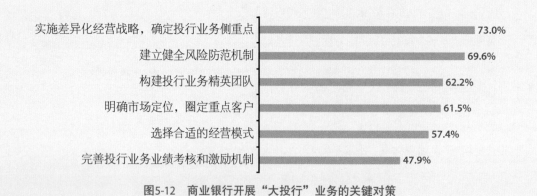

图5-12 商业银行开展"大投行"业务的关键对策

访谈手记之七

北京银行资产管理部副总经理琚泽钧谈商业银行资产管理业务的发展

课题组：请问贵行资管业务的具体定位是怎样的，核心竞争力在哪里？

琚泽钧：本行认为银行理财有着自己相对独立的客户群，总体来说是投资稳健、风险承受能力低、谋求固定回报的客户为主，这也就决定了银行理财不同于基金等资管产品，应该是较高收益、风险可控的理财产品。因此，北京银行理财定位如下：

首先是风险承受能力低、谋求固定回报的客户，产品设计中始终贯彻风险防控是第一位，一直以稳健经营、严格风控为核心竞争力，严守"受人之托，代客理财"的原则，多年来未出现风险事件，为客户实现了资产保值增值。其次，为一些风险承受能力相对较高的私行高净值客户提供一些高收益产品，建立相对完善的产品体系。

北京银行正向着轻资产银行进行转型，资产管理业务正是重点发展的业务领域，北京银行资管业务的核心竞争力体现如下：

1. 丰富的资产管理业务经验。本行从2004年开办理财业务，是较早开展理财业务的商业银行之一，经历了商业银行理财业务发展历程的各个阶段，既有成功的喜悦，也有遭遇危机（2008年

国际金融危机和理财产品危机）的艰辛和深刻教训（"钱荒"和"资产荒"），一路走来，感触很深，这些都是宝贵的财富。

2. 组织架构设置先进且积极创新。早在银监会理财业务事业部体制改革前，本行就成立了独立的资产管理部，并且在2015年底通过董事会和监事会决议，设立银行资产管理公司，加速资管业务专业化、专营化改革步伐，实现扁平化管理，提升决策效率。

3. 优良的风险文化形成了稳健经营、严格风控的核心竞争力。本行在业务条线设立风险管理中心，发挥1.5道防线作用，理财审批集中统一到总行理财投资委员会审批，所有项目评审流程都在本行自主研发的金融市场风险管理系统中进行，形成了全程系统管理。多年来，理财投资资产质量持续保持了优良的水平，安全、较高的收益水平赢得了客户对本行理财产品的信心和市场口碑。

4. 产品特点鲜明，重点发挥拳头产品优势。根据银监会对理财业务发展指引，本行理财产品朝向开放式产品转型，一些面向风险承受能力低、谋求固定回报客户的开放式产品脱颖而出，成为拳头明星产品。本行加大了对这类产品的支持力度，该类产品以其流动性强、安全性和收益

性高的特征赢得了客户青睐。

课题组：您认为贵行在开展"大资管"业务过程中，主要存在哪方面的优势，应该重点加强哪方面的能力？

琚泽钧：经过多年的发展，北京银行资管业务品牌在市场中积累了一定的知名度，多次获得各种奖项。

具体来看，北京银行在开展"大资管"业务过程中，主要有以下方面的相对优势：

1. 北京银行理财产品设计中始终贯彻风险防控是第一位，一直以稳健经营、严格风控为核心竞争力，风控前置，设立1.5道防线，严守风险底线，始终对市场保持敬畏之心，对客户委托怀有责任之心，良好的投资风控能力，较高的收益水平赢得了客户对本行理财产品的信心和市场口碑。

2. 无论是在资产管理业务的资产端还是客户端，相比其他资产管理机构，银行都具有天然的客户优势和渠道优势，这也是银行资产管理业务规模持续增长且成为第一大资产管理机构的原因。而且资产管理机构的从业人员，特别是固定收益类的投资经理和交易员，很多都来自银行。

3. 较早完成事业部体制改革，加速资管业务专业化、专营化改革步伐，实现扁平化管理，提升决策效率。

4. 骨干人员队伍保持相对稳定，从业年限8~10年，业务素质较高，经验丰富。

5. 2011年在行业内率先开发新一代理财综合

业务管理系统，并获得2014年人民银行科技发展三等奖，为业务发展提供系统支持。

未来，北京银行将重点就以下方面加大发展力度：

1. 从现有配置型向着配置型为主、交易型为辅的方向发展转型，盘活存量资产，抓住市场趋势，提高投资收益水平。

2. 根据监管精神，加快产品转型步伐，尽快着手净值型理财产品的布局。

3. 拓宽投资范围，不断加强优质资产的获取能力。

4. 根据监管指引的理财业务发展方向，朝向独立资产管理公司的方向迈进。一是从组织设置和业务分工方面体现先进资管业务的发展模式，重视研究和投资管理；二是凭借多年积累的业务经验，培养独立的资产管理能力，重视风险防控，负债端以零售客户为主、机构客户为辅，充分发挥零售客户稳定、流动性管理压力轻的特征，走一条稳健、可持续发展的道路。

课题组：银行业在发展资管业务的过程中，往往面临着严重的同业竞争问题，请问贵行是如何应对同业竞争的？贵行的资产管理有何特色？

琚泽钧：主要还是要从资产的获取能力和综合服务能力上下功夫。在目前"资产荒"的大背景下，优质高收益资产的获取能力将对产品价格竞争力的提升及资管规模的扩大起到决定性的作用；此外，还需要配合产品使用的便利性、功能的丰富性及综合理财顾问服务水平来增加客户黏性。

专题报告六

绿色金融

  绿色发展已经成为"十三五"乃至更长时期我国经济社会发展的一个基本理念，作为绿色发展重要组成部分的"绿色金融"，也越来越受到重视。2016年9月，在我国杭州举行的G20峰会也将绿色金融作为重要的议题进行探讨，并在《G20财长和央行行长会公报》中宣布建立"G20绿色金融研究小组"。我国在与其他G20各成员共同倡导推进绿色金融国际协作的同时，国内绿色金融实践也在迅速发展，推动了我国绿色经济和环保产业的发展。目前已经涌现了多个绿色信贷项目和绿色债券项目，我国绿色信贷已经占到全部信贷余额的8%左右，我国央行也在银行间债券市场推出绿色金融债券，供金融机构通过债券市场筹集资金支持环保、节能、清洁能源、清洁交通等绿色产业项目。绿色金融将是未来一段时间我国金融的主要发展方向之一，也将对我国经济结构调整起到至关重要的作用。

一、银行家普遍看好绿色金融发展前景

  在国家去产能、调结构的背景下，传统的高消耗高污染产业很难再给银行带来利润，反而极容易产生不良贷款的风险。而绿色产业在国家的政策鼓励和指引下，具有很大的潜力。调查结果显示，有合计接近九成（88.9%）的银行家认为当前开展绿色金融将对银行经营产生正面影响。其中，30.1%的银行家认为开展绿色金融能够参与经济结构转型升级的红利，提供了巨大的盈利空间；58.8%的银行家认为开展绿色金融能够有助于开拓市场，虽然现在没有盈利但有利于商业银行未来发展。只有0.7%的银行家认为限制贷款对象会产生负面影响。

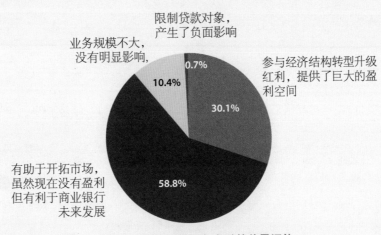

图6-1　银行家对绿色金融的前景评估

对于未来五年的绿色金融发展前景，97%的银行家表示乐观，一致认为绿色金融将成为银行业务不可忽视的一部分，甚至是成为主要经营发展方向。一方面，国家已经将绿色金融列为优先战略，鼓励引导商业银行完善绿色信贷机制；另一方面，银行自身也存在降低行业信贷风险、分享经济结构调整红利、开拓海外市场等内在要求。对于绿色金融未来前景表示乐观的银行家中，23.5%的银行家认为"绿色"将成为银行的主要经营理念，可能会出现相当数量的绿色银行；39.6%的银行家认为绿色金融将成为银行经营活动的重要组成部分；33.9%的银行家认为绿色金融将成为银行经营活动的有效补充。

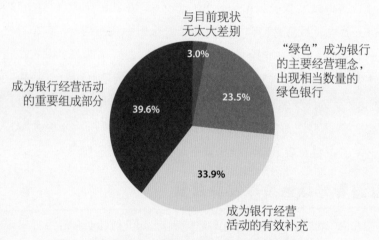

图6-2　银行家对于中国银行业绿色金融发展前景评价

二、半数银行家认为应从金融产品切入绿色金融服务

从发达国家经验来看，企业在技术改造升级、绿色低碳发展等方面需要适合的、个性化的金融产品来支撑，而我国在开发绿色金融产品方面仍有待加强。在本次调查中，有半数（50.6%）的银行家认为开展绿色金融应从金融产品入手，占比最多。此外，分别还有21.0%和18.0%的银行家认为运营模式和服务平台是发展绿色金融的切入点。

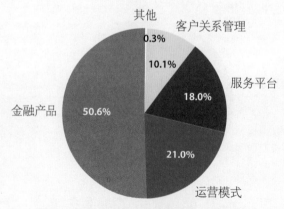

图6-3　银行家对于绿色金融切入点的判断

三、增加绿色贷款，着力构建信息化、智能化交易是发展绿色金融的重点

关于开展绿色金融的重点方面的调查结果显示，82.4%的银行家将在风险可控的前提下增加绿色经济领域贷款，这显示在以信贷业为主体的业务结构下，信贷依然是银行业支持绿色经济的主要手段；在以科技产业为代表的绿色经济服务中，产品个性化服务的便捷性和智能化将起到至关重要的作用，调查结果中77.5%的银行家将加大对信息系统的投入，更多的开展电子化、智能化交易，顺应不同客户金融服务需求；此外，还有55.2%的银行家将改变自身运营方式，将在行内实行节能减排作为发展绿色金融的工作重点。

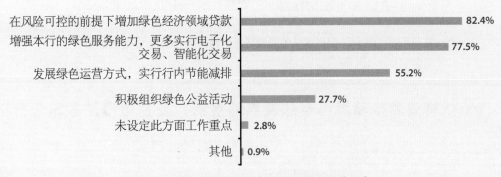

图6-4 银行家认为2016年绿色金融发展的重点

四、银行家对绿色金融开展存在的最大困难看法不一

对于目前中国银行业在绿色金融发展方面存在的最大困难，银行家的看法不一，选择缺少有效的激励约束机制（19.4%），没有制定绿色金融的法律规范、缺乏保障（17.4%），政府支持政策尚不配套（17.1%），缺乏专门管理人员、机构、制度及技术（16.5%），绿色金融市场流转体系不完善（14.4%）比例相近。这在一定程度上反映了在我国绿色金融处于刚起步的阶段，各项配套措施尚不完善，实现金融体系的绿色化需要全方位的改革和提高。

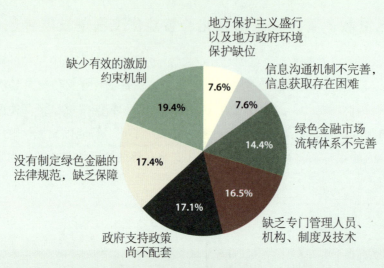

图6-5　银行家认为目前绿色金融开展存在的困难

五、政策扶持成为推动绿色金融发展的重点，差别化授信政策是分散风险的最佳选择

调查显示，银行家认为出台对绿色金融的扶持政策（77.8%）、建立并完善绿色金融风险分担机制（67.9%）是最需要完善的方面。目前，我国银行业在发展绿色金融业务面临的难题之一就是收益率不高且存在风险识别能力不足的问题，而政策的扶持和风险分担机制的建立能够有效弥补上述问题。

图6-6　银行家认为完善绿色金融的重点

对于规避绿色金融相关风险的方式，超过九成（92.0%）的银行家认为明确绿色信贷的支持方向和重点领域，采取有差别、动态化的授信政策是上佳的选择。其次为探索与其他商业银行和政策性银行合作，引入贷款风险分担机制（69.4%）。选择国际合作，采取跨国银团贷款方式的银行家（27.4%）占比

不高。对相关银行进行分类分析可以发现，大型商业银行（工、农、中、建、交）选择国际合作，采取跨国银团贷款方式的占比为40.1%，远远高于区域性城市商业银行的17.9%。说明我国大型商业银行的国际化程度有所改善，但城市商业银行的国际化水平仍处在初级阶段。

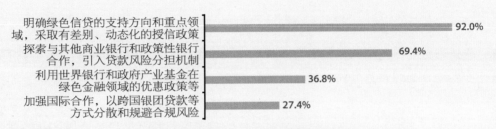

图6-7　银行家对于风险分散措施的评价

中国进出口银行战略规划部课题组、深圳农村商业银行行长袁捷谈绿色金融

课题组：您认为目前绿色金融在我国发展最大的问题是什么？您认为应该通过何种途径来解决这一问题？

中国进出口银行战略规划部课题组：现阶段，我国发展绿色产业更多地注重推广节能环保技术在生产中的应用，培育发展新能源和环保产业。但新技术的应用和新产业的培育会面临市场自发需求不足的问题。一方面是因为环境是一种"奢侈品"，只有收入水平上升到一定程度，环保才会获得市场的支撑。另一方面则是因为环境保护的社会效应大于个人经济效应，个人从环境保护中获得的收益不足以覆盖其成本，市场没有足够的动力推动节能环保技术的应用和相关产业的发展。因此，我国目前开展绿色金融面临的最大问题是许多针对节能环保项目的融资活动存在着经济收益相对较低、政策风险较大的不利因素，商业性金融机构受盈利目标约束对绿色金融的支持可能相对不足，有待于进一步的金融创新以及相关政策措施的出台。

为应对绿色金融业务存在的高风险、低收益的问题，一是应当充分发挥政策性银行的支持作用。政策性银行服务于国家战略，是国家产业政策坚定的执行者，受到的盈利目标约束相对较弱，可以发挥基础性和引导性的金融支持功能。在绿色金融发展尚未成熟的阶段，政策性银行应

勇于承担，弥补市场缺陷，大力推进节能环保事业，支持企业淘汰落后工业设备，助推节能减排技术创新和技术改造。二是国家宏观政策应大力支持金融机构开展绿色金融产品的创新。在碳交易方面，应鼓励基于碳排放配额交易的金融衍生产品，比如金融机构开发碳排放额度的远期、互换、期权、额度抵押贷款等产品。三是将企业环境违法违规信息等企业环境信息纳入金融信用信息基础数据库，建立企业环境信息共享机制，为金融机构的贷款和投资决策提供依据。四是加快绿色中介机构的发展，为服务于绿色金融的中介机构提供广阔的市场，如鼓励绿色信用评级机构积极从事绿色项目开发咨询、投融资服务、资产管理等，不断探索新的业务服务领域，拓展盈利模式。

袁捷（深圳农村商业银行）：发展绿色金融面临的最大挑战是我国绿色金融资金供应存在着严重的不足。作为金融机构，资金投向更多考虑的是投资收益与风险。要引导金融性资金投向绿色、低碳领域，提高金融机构资本参与绿色金融的积极性，需解决的依旧是其投资收益和投资风险的问题。

需要构建财政资金支持绿色金融的机制，提高财政资金的使用效率。对符合要求的绿色项目进行贴息来降低其融资成本，从而提高其收

益率。成立专业性的绿色金融担保机构，为绿色项目提供担保，降低其风险溢价。建立绿色金融风险补偿基金，用于分担绿色项目的部分风险损失，从而降低其融资成本、提高收益率。试点PPP模式，将绿色项目与周边地区收益率较高项目捆绑运作，提高投资的整体回报率。

课题组：您认为该通过哪些渠道引领社会资本进入绿色金融，促进绿色金融的健康发展？

中国进出口银行战略规划部课题组：首先，充分发挥政策性资金的杠杆作用和示范效应。政策性银行应进一步加大绿色信贷投放力度，创新业务品种支持节能环保领域，为重大工程提供长期稳定、低成本资金支持，多渠道化解绿色金融体系构建中融资难、融资贵的困境，引领社会资本向绿色金融靠拢。其次，设立绿色发展基金，通过政府和社会资本合作（PPP）模式动员社会资本。一是支持设立各类绿色发展基金，实行市场化运作。应鼓励有条件的地方政府和社会资本共同发展区域性绿色发展基金，支持社会资本和国际资本设立各类民间绿色投资基金。二是支持在绿色产业中引入PPP模式。推动完善绿色项目PPP相关法规规章，鼓励各地在总结现有PPP项目经验的基础上，出台更加具有可操作性的实施细则，并鼓励各类绿色发展基金支持以PPP模式操作的相关项目。最后，推动地方绿色金融发展和绿色金融国际合作，撬动社会资本进入绿色产业。通过再贷款、宏观审慎评估框架、资本市场融资工具等支持地方发展绿色金融，广泛开展绿色金融领域的国际合作，支持国际金融机构和外资机构与地方合作，推动绿色证券市场双向开放，从而吸引国内外社会资本向绿色产业流动。

课题组：您认为我国是否已具有完善的绿色信贷政策与标准？未来应从哪些方面着手进一步完善绿色金融的政策支持体系？

中国进出口银行战略规划部课题组：当前，银监会已出台了一系列绿色信贷专项政策和标准，但发展绿色金融的政策支持体系仍然有待进一步完善。首先，需要抓紧制定与绿色信贷政策配套的具体的、具有可操作性的规范，便于银行业金融机构判断贷款企业或者项目的环境风险。建立一套基于环保要求的产业指导目录，制定可操作性强的绿色信贷的准入标准，特别是重点行业的绿色信贷指南和标准。其次，要建立完善的环境信息库，健全企业环境行为评价和信息公开制度。搭建环保部门与金融监管部门和银行业金融机构间的信息、沟通平台，建立部门间有效的环境信息共享机制，保证银行业金融机构实时获取企业环境表现信息，为银行贷款决策提供依据。最后，要进一步加强环保部门与银行业的沟通与能力建设。开展绿色信贷政策和技术方法的培训工作，对不同银行制定自身的绿色信贷政策、组建专业队伍和人员等方面提供支持。

课题组：贵行能否介绍一下已经或准备开展的支持绿色金融的工作举措？

中国进出口银行战略规划部课题组：第一，理念为先，指引绿色金融发展。早在2007年，中国进出口银行就确立了"鼓励绿色信贷业务发展并主动控制授信业务环境与社会风险"的绿色信贷战略，成为国内银行践行绿色金融的先行者之一。目前，中国进出口银行已将落实绿色发展理念明确纳入自身中长期发展规划，提出进一步支持绿色环保产业、低碳循环经济发展，支持"走出去"企业开展绿色环保项目，履行环保责任，促进全球绿色增长。

第二，建章立制，规范绿色金融业务管理。中国进出口银行结合自身实际，不断强化绿色金融制度建设，制定覆盖信贷业务全流程的相关标准，逐步构建了环境和社会风险管理制度体系。2007年，出台贷款项目环境与社会评价指导意见，将环境信息作为贷款审批的必要条件。2015年，制定绿色信贷指引，从组织管理、政策制度、流程管理、内控管理和信息披露等方面，对加强信贷项目的环境和社会风险管理提出要求。同时，制定并完善多个行业的授信指导文件，通过差异化、动态的信贷政策，引导高耗能高污染企业节能减排、转型升级。建立绿色信贷标识统计制度，以提高绿色信贷业务的管理能力。

第三，融资融智，完善绿色金融业务布局。中国进出口银行已逐步建立了以绿色信贷为主体，以绿色基金、碳金融服务为补充的多元化绿色金融业务体系。在密切关注和深入挖掘绿色金融市场需求的同时，做强、做大、做精转贷款、优惠贷款、境外投资贷款等优势贷款品种；不断加大业务创新力度，有针对性地开办节能环保贷款、转贷配套人民币资金贷款、转型升级贷款等多项创新业务；发起设立以中日节能环保基金为代表的多只股权投资基金，以金融合作带动国内外节能环保产业融合；根据碳排放权交易市场发展，推出以碳资产咨询顾问业务为重点的碳金融业务，为企业在国际市场开展清洁发展机制项目、在国内市场进行碳资产管理和开展中国核证自愿减排量项目等提供融智服务。中国进出口银行还与世界银行、亚洲开发银行、德国复兴开发银行等国际机构建立了长期的合作关系，通过开展知识和人员交流、联合融资等方式，推进绿色金融理念、做法的相互融合、交流。

第四，统筹内外，发挥政策性金融力量。多年来，中国进出口银行坚持将支持传统产业升级改造与促进战略性新兴产业发展相结合，将支持优势绿色企业"走出去"与积极引进国际先进的绿色技术、理念相结合，将促进国际经济合作与支持全球绿色经济发展相结合，综合运用贷款、投资、咨询等金融工具，支持中国企业在国内外实施了一大批绿色金融项目。2015年，中国进出口银行绿色信贷业务支持的项目合计减少标准煤使用量505.72万吨，二氧化碳减排当量1 401.99万吨，减排二氧化硫2.41万吨，减排氮氧化物4 790.29吨，节水1 328.12万吨，取得了较为显著的环保和社会效应。

第五，继往开来，助推绿色可持续发展。2015年，国务院批复同意中国进出口银行改革方案，中国进出口银行站在了崭新的起跑线上。未来，中国进出口银行还将继续秉持绿色发展理念，立足自身职能与使命，发挥自身特色和优势，在推进"一带一路"建设、国际产能和装备制造合作等国家重大战略的过程中，主动向企业开展国际经贸合作、转型升级发展提供更具针对性和适应性的政策性绿色金融服务，向世界传播和推广中国的绿色金融理念、标准，为推动中国和世界经济向绿色化转型作出新的更大贡献。

袁捷（深圳农村商业银行）： 深圳农村商业银行在绿色金融方面的工作措施包括：

第一，专设绿色信贷考核指标。我行的2016

年度经营单位绩效考核中，设有绿色信贷/战略新兴产业新增客户数、授信支持客户/项目环境或社会风险责任获奖数两类加分指标，以及授信客户发生环保违规或其他社会风险责任、"两高一剩"或存在重大环境和社会风险责任两类扣分指标，重点关注经营单位对绿色信贷的支持力度，按月进行评审考核，以政策指标引导基层单位的业务方向。

第二，建立和完善客户环境和社会风险评价体系及流程。2015年，深圳农村商业银行按照《深圳农村商业银行绿色信贷管理办法》要求，将《客户环境和社会风险评估简表》嵌入信贷管理系统中，对客户及其关联方的环境和社会风险进行评估，划分客户的绿色信贷标识类型，加强对授信业务的环境风险的控制，提高绿色信贷的可操作性。

第三，建立绿色信贷特殊名单。2015年，为推动深圳农村商业银行绿色信贷发展战略的实施，加强授信企业的环保信用风险管理，结合绿色信贷管理办法的相关规定，下发了《关于将环保信用信息纳入授信风险信号管理的通知》，将深圳市重点排污企业环境环保信用信息及环境违法信息纳入授信风险信号管理，并将名单纳入我行特殊名单管理，根据客户的环境和社会风险表现，贯穿到授信全流程中进行管理。

第四，2014年以来，深圳农村商业银行多次组织相关授信人员参加中国银行业协会主办的绿色金融业务知识培训课程，通过了解绿色金融的相关政策和发展趋势，学习其他银行的环境和社会风险案例分析，从而提高授信人员的专业理论水平和业务熟悉程度，培养绿色信贷的专业人才。

专题报告七

普惠金融

2016年1月，国务院印发推进普惠金融发展规划（2016—2020年）的通知，要求大力发展普惠金融，让所有市场主体都能分享金融服务。普惠金融在立足机会平等要求和商业可持续原则的基础上，力求以可负担的成本为有金融服务需求的社会各阶层和群体提供适当、有效的金融服务。

大力发展普惠金融，是我国全面建成小康社会的必然要求，有利于促进金融业可持续均衡发展，推动"大众创业、万众创新"，助推经济发展方式转型升级，增进社会公平和社会和谐。银行业作为我国经济金融体系的核心，必须承担起普惠金融的重责。

一、银行推行普惠金融主要基于履行社会责任

对于银行开展普惠金融工作最主要的意义，64.4%的银行家认为是基于履行社会责任的需要；16.0%的银行家将普惠金融视做新的利润增长来源，是银行业务的新增长点；13.0%的银行家基于提升银行公众形象来推广普惠金融工作。仅有6.2%的银行家表示是为了满足国家政策要求开展普惠金融业务，这体现了银行开展普惠金融业务的自发性、主动性。商业银行发展普惠金融既符合股东群体的合理期待，也会赢得社会公众的广泛认可，有利于银行的长远发展，最终实现股东利益与社会效益双赢局面。

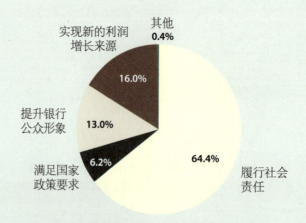

图7-1 银行推广普惠金融的内在动因与意义

二、银行家认为应该有区别地展开普惠金融工作

普惠金融工作中，支持小微企业和扶贫扶弱相关政策的推行都对银行的经营能力和风险管理水平形成巨大考验。小微企业发展相对不稳定，存在较高的经营风险；扶贫和扶弱项目高成本低收益，也往往会加大银行的不良贷款率。

调查结果表明，74.9%的银行家认为应区分不同类型业务的风险收益情况的差异来推动普惠金融，在提供资金支持促进小微企业发展、支持帮扶弱势群体的同时，加强对项目优劣的鉴别，合理把控业务风险，统筹推动业务发展。此外，还有18.6%的银行家认为应该淡化对于风险因素的考虑，大力发展普惠金融。仅有6.5%的银行家认为不应该大力展开普惠金融工作。

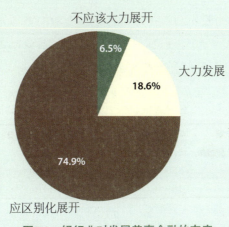

图7-2　银行业对发展普惠金融的态度

三、小微企业是银行推行普惠金融工作的主要服务对象

普惠金融是将金融服务惠及所有群体，特别强调在贫困地区、少数民族地区、偏远地区以及残疾人和其他弱势群体中提供金融服务。商业银行结合国家政策导向，立足金融服务根本，有侧重地选择不同类型的普惠金融工作。调查结果显示，56.3%的银行家表示将把普惠金融的工作重点放在帮扶小微企业融资上，37.0%的银行普惠金融的工作重点是支持"三农"。截至2016年第四季度末，银行业金融机构涉农贷款（不含票据融资）余额28.2万亿元，同比增长7.1%；用于小微企业的贷款（包括小微型企业贷款、个体工商户贷款和小微企业主贷款）余额26.7万亿元，同比增长13.8%。

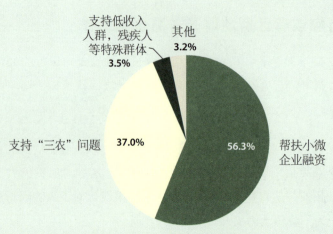

图7-3　普惠金融侧重的服务对象

区分不同类型银行看，80.9%的股份制商业银行将普惠金融的重点定位于服务小微企业；而农村中小金融机构支持"三农"的力度较大（占比80.8%），这与其服务对象基本是农村金融消费者密切相关，也相应地为农村、农业、农民提供了更多的金融服务和帮助。

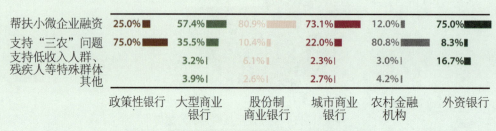

图7-4　各类型银行机构普惠金融工作的服务对象

四、改善普惠金融服务重点着力于加强创新金融产品

目前，商业银行主要通过加强创新金融产品来改善自身的普惠金融服务，占比达到62.4%。40.9%的银行家把重心放在增强互联网金融服务上，借助互联网技术发展普惠金融业务，提升效率、降低成本、管控风险。各有40%左右的银行家选择加强对金融消费者权益保护工作和对农村金融消费者的金融普及教育作为重点。还有三分之一左右的银行表示会继续扩大普惠金融服务范围，以及加强自身基础设施建设，为进一步推广普惠金融工作打下良好基础。

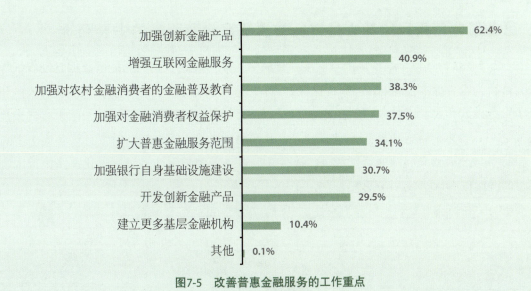

图7-5　改善普惠金融服务的工作重点

五、发展普惠金融最大难题是信贷数据积累不足，信用体系不健全

调查结果中显示，52.7%的银行家认为主要存在信贷数据积累不足、信用体系不健全的问题。征信体系不完善大大增加了银行对于小微企业及扶贫项目支持工作的成本和风险，制约了银行开展此项工作的积极性。22.3%的银行家认为金融教育普及地区差异大，不同地区的金融教育普及程度差异导致不同地区的金融消费者认知不同、需求不同，对推广普惠金融形成一定阻碍，银行需要有针对性地提供服务和支持。17.2%的银行家认为金融科技化建设相对滞后也是一个重要问题。当前，我国互联网金融发展迅速，电子化交易不断成熟，但是依旧存在较大地域差异，对依托互联网技术推动普惠金融发展形成一定制约。

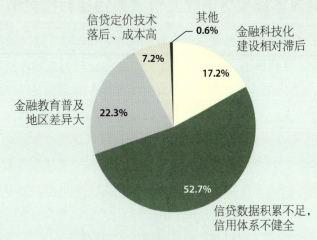

图7-6　开展普惠金融面临的问题

六、服务对象信用风险较大是银行发展普惠金融面临的主要困难

39.1%的银行家认为普惠金融推广的难度主要是服务对象一般缺少相关的征信数据且没有抵押物，信用风险较大。认为服务成本较高的银行家占比为27.1%，这主要是由于普惠金融强调消费者服务和保护，相应加大了银行投入和成本，增加了普惠金融的推广难度。20.9%的银行家认为客户需求差异大也是推广工作的挑战之一，普惠金融客户群体类型丰富，需求呈现多样化和差异化，对银行服务提出更高要求。根据对于银行普惠金融意义问题的调查结果，银行开展普惠金融自主性较强，因此选择银行本身激励约束机制不足的占比仅有11.9%，比例较低。

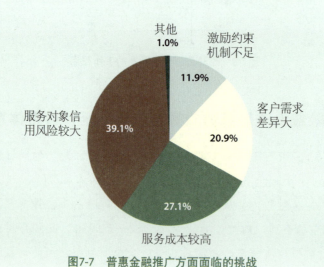

图7-7 普惠金融推广方面面临的挑战

七、降低普惠金融成本应致力于建立信贷数据库和推广电子化、网络化服务

开展普惠金融工作成本较高已经成为其实施及推广上的较大阻碍。具体应对措施方面，高达67.7%的银行家表示应该建立健全信贷数据库，完善信贷体系，降低银行信息搜集成本，提高风险识别能力。67.1%的银行家表示应该大力推广电子化、网络化多维服务，电子化、网络化为金融消费者提供极大的便利，节约了时间成本和机会成本；同时银行可以减少人员投入，降低人工成本，也便于银行后续的金融信息统计。58.4%的银行家意见为应该继续完善电子化交易，降低交易成本。此外，针对目前贫困农户和地方微型企业的贷款难度较大、还款能力较差的问题，44.9%的银行家认为在金融扶贫工作中应进一步完善涉农小额信贷体制。

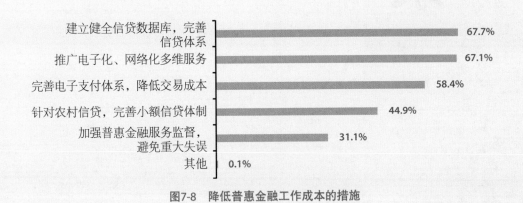

图7-8 降低普惠金融工作成本的措施

八、小微企业服务、消费者权益保护综合评价较高

从"三农"服务、小微企业服务、消费者权益保护以及特殊群体服务等普惠金融涉及的四方面工作总体评分情况看，小微企业服务方面平均得分最高（4.60分），其中服务质量和社会评价指标得分较占优势；消费者权益保护方面平均得分也达到4.60分，其中服务质量指标得分达到了单项最高分，服务效果指标也显著优于其他方面，但服务体系指标还存在进步空间。在这四方面工作中，特殊群体服务的平均得分最低，仅有4.31分，其中服务体系和服务效果指标均表现较差。

表7-1 普惠金融工作评分表（1-5分）

单位：分

	"三农"服务	小微企业服务	消费者权益保护	特殊群体服务
服务质量	4.41	4.64	4.64	4.36
服务体系	4.30	4.60	4.58	4.24
服务效果	4.32	4.54	4.57	4.27
社会评价	4.39	4.63	4.60	4.36
平均	4.35	4.60	4.60	4.31

附　录

项目背景及执行情况介绍

携手合作，共创成功

项目背景及执行情况介绍

　　"中国银行家调查报告2016"项目由中国银行业协会和普华永道会计师事务所共同发起，中国银行业协会首席经济学家巴曙松研究员主持并负责项目的执行与实施。本调查项目的基本背景、数据采集方式、样本量、配额分布等情况列示如下：

一、调查基本背景

　　2016年，我国经济运行状况整体平稳向好，显示出一些积极变化势头，结构调整继续取得进展，市场预期有所改善，但下行压力继续存在，经济企稳的基础并不牢靠，结构性问题依然未得到有效解决。在中国经济持续调整和利率市场化的大环境下，中国银行业持续面临着利润增速放缓、息差收窄、不良贷款"双升"等压力。本调查项目，旨在了解中国银行家应对这一局面时的判断与思考，以及对市场发展和监管体系等的意见和建议，以促进海内外金融界与监管当局、金融机构与公众之间的相互沟通了解，共同推动中国银行业的改革发展。

　　本次调查采取点面结合的方式，一是由中国银行业协会负责组织面向银行家的问卷调查，通过对问卷回收数据的处理，从面上形成中国银行业发展状况的基本判断，并为整个调查提供数据支撑；二是选择有代表性的金融机构，由巴曙松研究员和项目组成员通过面对面访问、电话访问、书面访问等形式，与其高管人员进行访谈，直接听取中国银行家的思考和探索。

二、调查数据采集方式

　　本次调查的数据主要通过《中国银行家调查问卷2016》面向全国各级银行类金融机构的高管进行采集。调查问卷包括主问卷和子问卷两组。其中，主问卷涵盖十二个部分，包括宏观环境、发展战略、业务发展、风险管理与内部控制、人力资源与财务管理、互联网金融与信息技术、公司治理、社会责任、监管评价、银行家群体、发展前瞻和同行评价等，总计144题。子问卷共七份，分别针对银行业与"去产能、去库存、去杠杆"，经济下行周期下的银行业经营之策，不良资产处置与"债转股"，科技金融支持经济创新发展，"资产荒"背景下的大资管大投行战略，绿色金融，普惠金融等进行专题调查，题目数量分别为7题、12题、18题、9题、10题、7题和8题。

项目组希望通过这次调查把握中国特定结构环境下的银行业的发展状况，为此，我们特别添加了一些与调研对象特征有关的指标，包括所属区域、机构级别、机构注册类型和是否上市等。其中，区域包括东部、中部、西部和东北等。

三、调查样本量和配额分布

问卷调查在全国31个省级行政区域展开（不包括港澳台），本年度继续完全采用电子形式进行发放和回收，其中，主问卷共回收有效问卷1 794份。

（一）主问卷调查样本的配额分布

从区域[①]来看，东部637份，中部508份，西部498份，东北151份；从机构级别来看，总部389份，分支机构1 405份；从机构注册类型来看，大型商业银行379份，股份制商业银行394份，城市商业银行660份，农村金融机构259份，政策性银行64份，外资银行29份，其他9份；从上市与否来看，上市银行764份，未上市银行1 030份。

项目组充分考虑不同地区、不同级别、不同注册类型和上市与非上市的银行类金融机构的数量，采取系统抽样法，向各类金融机构发出问卷，而问卷返回比例与配额分布基本一致。

巴曙松研究员和项目组成员共访谈中国银行业高管人员15人，其中，总部高管（董事、副行长以上）7人。

---

① 根据中国国家统计局的统计口径，东北地区包括辽宁、吉林、黑龙江；东部地区包括北京、天津、河北、上海、江苏、浙江、福建、山东、广东、海南；中部地区包括山西、安徽、江西、河南、湖北、湖南；西部地区包括内蒙古、广西、重庆、四川、贵州、云南、西藏、陕西、甘肃、青海、宁夏、新疆。

（二）主问卷调查和访谈样本的具体名单

参与项目组主问卷调查与访谈的中国银行业金融机构有166家（排名不分先后）：

1. 政策性银行（3家）

国家开发银行

中国进出口银行

中国农业发展银行

2. 大型商业银行（6家）

中国银行

中国农业银行

中国工商银行

中国建设银行

交通银行

中国邮政储蓄银行

3. 股份制商业银行（12家）

中信银行

中国光大银行

华夏银行

中国民生银行

招商银行

兴业银行

广发银行

平安银行

上海浦东发展银行

恒丰银行

浙商银行

渤海银行

4. 外资银行（9家）

东亚银行（中国）有限公司

渣打银行（中国）有限公司

花旗银行（中国）有限公司

恒生银行（中国）有限公司

富邦华一银行有限公司

澳大利亚和新西兰银行（中国）有限公司

华侨永亨银行（中国）有限公司

三菱东京日联银行（中国）有限公司

新联商业银行

5. 城市商业银行（63家）

北京银行

天津银行

承德银行

廊坊银行

包商银行

成都银行

大连银行

上海银行

上饶银行

盛京银行

重庆银行

大同银行	洛阳银行	郑州银行
德阳银行	绵阳市商业银行	中原银行
德州银行	南充市商业银行	6.农村金融机构（73家）
东营银行	内蒙古银行	上海农村商业银行
阜新银行	宁波银行	沈阳农村商业银行
赣州银行	宁夏银行	深圳农村商业银行
达州市商业银行	盘锦市商业银行	成都农村商业银行
广西北部湾银行	平顶山银行	大连农村商业银行
广州银行	齐鲁银行	厦门农村商业银行
贵阳银行	齐商银行	安乡县农村信用社联合社
桂林银行	青岛银行	巴中国开村镇银行
哈尔滨银行	日照银行	包头市东河金谷村镇银行
哈密市商业银行	厦门国际银行	北京房山沪农商村镇银行
汉口银行	上海华瑞银行	岑溪市北部湾村镇银行
杭州银行	威海市商业银行	常德农村商业银行
徽商银行	潍坊银行	湘潭农村商业银行
吉林银行	乌鲁木齐银行	杜尔伯特润生村镇银行
济宁银行	西安银行	甘肃省农村信用社联合社
江西银行	烟台银行	巩义浦发村镇银行
焦作中旅银行	阳泉市商业银行	广安恒丰村镇银行
晋商银行	营口银行	广汉珠江村镇银行
兰州银行	枣庄银行	广西农村信用社联合社
临商银行	长安银行	广元市包商贵民村镇银行
龙江银行	长治银行	贵州省农村信用社联合社
泸州市商业银行	浙江泰隆商业银行	汉寿农村商业银行

呼和浩特金桥河套村镇银行

湖北省农村信用社联合社

湖南桂东农村商业银行

湖南衡阳衡州农村商业银行

湖南吉首农村商业银行

湖南津市农村商业银行

湖南澧县商业银行

湖南醴陵农村商业银行

湖南临澧农村商业银行

湖南临武农村商业银行

湖南宁乡农村商业银行

湖南祁阳农村商业银行

湖南汝城农村商业银行

湖南郴州农村商业银行

湖南省农村商业银行

湖南双峰农村商业银行

湖南桃源农村商业银行

湖南湘潭天易农村商业银行

湖南湘乡农村商业银行

湖南新晃农村商业银行

湖南宜章农村商业银行

湖南资兴农村商业银行

江苏省苏州常熟市村镇银行

鄄城包商村镇银行

昆明市农村信用社联合社

乐山昆仑村镇银行

辽宁大石桥隆丰村镇银行

内蒙古自治区农村信用社联合社

宁夏黄河农村商业银行

平邑汉源村镇银行

曲靖市农村信用社联合社

厦门翔安民生村镇银行

山东平邑汉源村镇银行

陕西岐山长安村镇银行

邵阳农村商业银行

沈阳于洪永安村镇银行

四川北川羌族自治县富民村镇银行

四川大竹渝农商村镇银行

四川省农村信用社联合社

天津津南村镇银行

天津市蓟县村镇银行

武鸣漓江村镇银行

西昌金信村镇银行

襄垣县融汇村镇银行

新都桂城村镇银行

新密郑银村镇银行

永兴县农村信用合作联社

云南省农村信用社联合社

浙江省农村信用社联合社

浙江萧山湖商村镇银行

中卫香山村镇银行

四、项目组成员

中国银行业协会：潘光伟、黄润中、古瑞、李健、吕欢、王芳、秦菁、周飞、武安华、高康、王蓉、廖玥。

普华永道：吴卫军、梁国威、朱宇、何淑贞、叶少宽、张立钧、姜昆、杨尚圆、莫文彪、宋琼。

中国银行业协会首席经济学家巴曙松及其团队：华中炜、丁波、谢国良、张晓亮、任杰、郑弘、余芽芳、陈强、刘雅祺、丁涛、陈洁、王月香、尹海晨、徐亮、聂建康、云佳祺、董宇轩、金玲玲、张祎、袁佳、方立、张蒙、刘晓依、周冠南、何雅婷、钟文、胡北、孙团结、刘钟佳、丁昭、郑铭、张小雨、吴过、姚舜达、李杰钊、薛瑶。

五、致谢

在本报告的撰写过程中，中国工商银行首席风险官王百荣等，中国银行国际金融研究所首席研究员宗良等，招商银行田惠宇行长等，深圳农商银行李光安董事长、袁捷行长等，北京银行资产管理部琚泽钧副总经理等银行高管，在百忙之中接受项目组的访谈，并提出了宝贵的意见和建议。对于各位银行家给予的大力支持和协助，我们在此表示衷心的感谢！

携手合作，共创成功

中国银行业协会
CHINA BANKING ASSOCIATION

中国银行业协会是2000年5月经中国人民银行和民政部批准成立的全国性非营利社会团体，是中国银行业自律组织，自2003年由中国银监会主管。截至2017年2月，中国银行业协会共有619家会员单位和35家观察员单位，30个专业委员会、1个联席会，其日常办事机构秘书处设有17个部门。

中国银行业协会责任使命及事业情怀表达于会歌《行者无疆》："冠名中国银行业，我们无上荣光。银行业造就，银行业需要，自律维权协调服务，责任无量。冠名中国银行业，我们事业兴旺。热衷协会工作，提升职业生涯，敬业规范专业高端，放飞理想。冠名中国银行业，平台纽带桥梁。银行家之家，银行家舞台，行业水涨我们船高，扬帆远航。中国银行业协会，一切为了会员单位，为了行业科学发展，在中国银行业大海上，行者无疆。"

中国银行业协会以促进会员单位实现共同利益为宗旨，履行"自律、维权、协调、服务"职能，维护银行业合法权益，维护银行业市场秩序，提高银行业从业人员素质，提高为会员服务的水平，促进银行业的健康发展。

自律：强化行业自律，推动银行业更好服务社会，支持实体经济发展。制定行业自律公约，引导银行业规范经营行为，推动建立科学合理、公开透明的收费机制。每年3月15日发布《中国银行业服务改进报告》和《中国银行业社会责任报告》，引领银行业金融机构积极履行社会责任，为社会提供优质金融服务。评比树立文明规范服务示范典型，引导银行业深入开展消费者权益保护及公众教育服务工作，推动实现金融普惠。贯彻落实国家宏观经济政策，推动会员单位加强小微企业和"三农"金融服务工作，助力银行业发展转型，不断改进服务实体经济能力。启动中国银行业理财网，打造权威性银行理财资讯的重要发布平台和理财产品信息的重要集散地。

维权：着眼风险防范及诚信社会建设，构筑银行业资产权益基本防线。

开展内部通报逃废银行债务机构活动，坚持逃废银行债务机构"黑名单"制度，助力社会诚信体系建设。加强行业个案维权，为会员单位法律案件诉求提供专业化服务，有效化解金融纠纷。研究解读国际相关法案，及时对会员单位做出风险提示。积极推进金融积案执行工作，有效维护会员单位合法权益。

协调：充分发挥各专业委员会作用，加大行业政策协调，引领银行业各项业务协调、稳健、科学发展。制定贸易金融、资金托管、银团贷款等多领域行业规范公约，发布《银团贷款行业发展报告》《中国保理产业发展报告》《中国银行卡产业发展蓝皮书》《中国资产托管行业发展报告》《金融租赁行业发展报告》等多项行业研究成果，推动银行业务稳健合规发展。举办中国贸易金融年会、城商行年会、中国普惠金融国际论坛等系列高端论坛，推动行业经验交流与共享。搭建会员单位与政府监管机构之间的沟通桥梁，加强行业政策协调，就托管银行资金结算、年金基金投资、商业银行资本管理等向有关政府监管部门提出行业发展合理化建议，为行业发展营造良好政策环境。

服务：引领广大从业人员不断学习提高，满足行业高端公共需求。开展银行业从业人员资格认证和行业培训工作，为银行业培养合格专业人才。研究国内外行业发展动态，定期编发研阅资料、行业发展报告及银行家调查报告等，打造高端资讯品牌。开发并推广应用金融积案监测数据库系统、中国银行业科技专家选聘系统、银团贷款信息系统等多项信息系统平台，为会员单位高端公共需求提供信息化支持。推出商业银行稳健发展能力"陀螺（GYROSCOPE）评价体系"，有效推动商业银行可持续稳健发展，是具有中国特色的、符合中国银行业发展现状的首份行业综合评价体系。创办首份带有全行业性质的公开刊物《中国银行业》杂志，并以"业界信息窗口、业者风采展现、专家研究集成、行业发展智库"为办刊宗旨，加强行业信息交流、品牌宣传及发展研究。

2014年，荣获国务院残疾人工作委员会"全国助残先进集体"称号，成为唯一获此荣誉的全国性行业协会；2010年，被国家民政部授予"全国先进社会组织"的荣誉称号；继2009年，在国家民政部组织的全国性行业协会商会等级评估活动中，中国银行业协会以总分第一的成绩获得5A最高等级后，在2015年，连续第二次在该项评估中获评5A最高等级。

联系人

潘光伟
中国银行业协会专职副会长

李健
中国银行业协会研究部主任
+86（10）66291286
jianli@china-cba.net

普华永道

普华永道秉承"解决重要问题，营造社会诚信"的企业使命。我们各成员机构组成的网络遍及157个国家和地区，有超过22.3万名员工，致力于在审计、咨询及税务领域提供高质量的服务。

普华永道中国大陆、香港、澳门、台湾及新加坡成员机构根据各地适用的法律协作运营。整体而言，员工总数约19500人，其中包括约1021名合伙人及总监。

无论客户身在何处，普华永道均能提供所需的专业意见。我们实务经验丰富、高素质的专业团队能聆听各种意见，帮助客户解决业务问题，发掘并把握机遇。我们的行业专业化有助于就客户关注的领域共创解决方案。

我们分布于以下城市：北京、上海、天津、重庆、沈阳、大连、西安、成都、青岛、济南、南京、苏州、武汉、长沙、杭州、宁波、厦门、广州、深圳、香港、台北、中坜、新竹、高雄、台中、台南、澳门和新加坡。

普华永道在中国的金融业服务经验

普华永道在中国拥有一支最具实力的金融服务领域的专业化队伍。我们的金融服务团队一直与中国银行业携手合作，无论在审计、税务还是咨询领域，都走在行业的最前沿。我们的战略是通过遍布全球的专业团队为客户打造卓越的业务优势，利用整合的行业知识和专业技能，为客户带来全球最佳的行业解决方案。

在中国，普华永道金融服务团队为国内各种金融机构提供全方位的服务，包括商业银行、保险公司、基金及基金管理公司、财务公司、证券公司和租赁公司等。同时，我们还服务于中国金融业和证券业的监管机构。普华永道多年来一直积极配合、参与财政部、中国人民银行、中国银行业监督管理委员会、中国证券监督管理委员会等政府部门、监管机构的多项工作与活动，赢得了相关机构的高度评价和认可。

普华永道金融服务团队的专业性使我们善于创新，敢为行业之先。我们秉承战略性的视野和独立开放的原则，向客户提供具有前瞻性的专业服务和独到的见解。

普华永道近期出版的一些相关行业报告和期刊如下：
- 银行业快讯：2016年第三季度中国上市银行业绩分析（2016年11月）
- 银行业及资本市场展望2020：完善税务职能，促进行业转型（2016年10月）
- 保险文摘：2016年上市保险公司半年报分析专刊（2016年10月）
- 金融科技浪潮中的支付业——直面数字化转型及客户预期的改变（2016年9月）
- 银行业快讯：2016年上半年中国银行业回顾与展望（2016年9月）
- 以客户为中心的财富管理转型——普华永道财富管理解决方案（2016年9月）
- ATM诈骗——你是否知道自己的银行卡数据已被泄露？（2016年8月）
- 格物致知：实施IFRS 9减值模型的银行版攻略（2016年7月）
- 保险文摘：2016保险公司偿二代二支柱暨风险管理调查报告（2016年7月）
- 中国资产和财富管理税务新知：降低准入门槛——外商独资/控股私募证券基金管理机构获准在华开展业务（2016年7月）
- 中国金融税务新知：期盼已久的离岸私募股权基金税务豁免税务条例释义及执行指引仍存在有待明确事项（2016年6月）
- 技术制胜、场景为王：拥抱移动支付新浪潮（2016年5月）
- 银行业快讯：2016年第一季度中国上市银行业绩分析（2016年5月）
- 银行业快讯：2015年中国银行业回顾与展望（2016年4月）
- 跨越行业界线：金融科技重塑金融服务新格局（2016年3月）
- 消费金融：中国零售银行的蓝海（2016年3月）
- 当前财务报告问题概览——针对银行业实施IFRS 9"金融工具"减值披露的建议（2016年3月）
- 第19期全球CEO年度调研（2016年2月）
- 洞察 - 格物致知 - IFRS 9预期信用损失模型所需的良好治理和内控：会计政策及实施决策（2016年2月）

普华永道服务一览

审计及鉴证服务
- 精算
- 工程造价
- 财务报表审计
- 内部审计
- 资本市场
- 风险管理

资本市场与会计咨询服务
- IPO及资本市场服务
- 企业财资服务
- 出售资产和分拆
- 财务报告准则转换
- 执行复杂的会计准则
- 并购或私募股权投资的会计服务
- 收入准则——IFRS 15 / ASC 606
- 结构性融资及财务工具
- 企业资金管理解决方案

风险及控制服务
- 内部审计战略和咨询
- 内部审计分包和外包服务
- 内部控制咨询
- 舞弊风险和内控
- 企业风险管理服务（业务持续性和风险管理）
- 董事会治理服务（包括董事会成员培训）
- IT 风险和治理
- 控制、安全和项目保障
- 信息安全和网络持续性服务
- 数据管理和保障
- 第三方鉴证
- IT尽职调查
- 整合报告

- C-SOX和S404（Sarbanes-Oxley法案第404条列）合规咨询
- XBRL（可扩展商业报告语言）合规
- FATCA（外国账户税务合规法案）合规服务
- PN21（联交所上市规则应用指引第21条）合规咨询
- 可持续发展与气候变化服务
- 业务连续性管理

税务服务
- 中国企业税务
- 中国流转税
- 中国研发税务服务
- 中国税务分歧协调
- 中国转让定价
- 价值链转型
- 中国企业并购税务
- 递延所得税及其他税务会计
- 海关和国际贸易
- 个人所得税及人力资源咨询
- 人力和变革管理咨询
- 海外雇员咨询及个人所得税

交易咨询
- 企业融资
- 尽职调查
- 估值服务
- 购并交易增值服务
- 私募股权投资资金咨询
- 企业购并税务架构咨询
- 项目融资
- 海外投资服务
- 上市服务
- 企业重整服务

战略咨询
- 企业和BU策略
- 销售和营销策略
- 市场准入和市场评估
- 战略转型

运营管理咨询
- 企业资产管理
- 产品创新及开发
- 供应链及核心运营流程
- 运营战略及价值链转型

人才和变革管理咨询
- 战略执行与平衡计分卡
- 人力资源规划
- 薪酬激励
- Saratoga评估
- 人力资源并购服务

财务管理咨询
- 快捷关账
- 管理报告
- 财务系统
- 预算与预测
- 司库与资金管理
- 财务人才管理
- 财务组织构架
- 成本管理
- 共享服务中心
- 流程标准化与简化
- 企业绩效管理
- 财务专业培训

信息技术咨询
- 信息技术服务转型
- 企业IT架构
- 应用系统

- 数据治理
- IT采购
- 交易支持

风险管理咨询
- 巴塞尔新资本协议合规规划及实施
- 信用风险管理
- 市场风险管理
- 操作风险管理
- 资产负债管理
- 内部资本充足评估（ICAAP）
- 资本充足率系统

法务会计服务
- 经济犯罪审查
- 计算机鉴证技术服务
- 合规审阅服务
- 舞弊风险管理和舞弊防范
- 背景审查服务
- 纠纷分析和诉讼支援
- 保险索赔服务
- 知识产权及授权管理服务

数据及分析
- 客户分析及市场细分
- 需求预估
- 衡量客户体验
- 社会聆听
- 忠诚项目设计与CRM
- 分析框架设计
- 商业智能决策分析
- 产品定价及盈利能力
- 行为经济学
- 仿真建模
- 网络分析
- 营销效益

普华永道联系人

若对本调查报告有任何问题或者需要我们提供专业服务，欢迎与以下人士联系：

金融服务业

费理斯
中国大陆及香港金融市场主管合伙人
+852 2289 2303
matthew.phillips@hk.pwc.com

梁国威
中国金融服务业主管合伙人
+86（21）2323 3355
jimmy.leung@cn.pwc.com

叶招桂芳
中国大陆及香港金融服务业税务主管合伙人
+852 2289 1833
florence.kf.yip@hk.pwc.com

银行及资本市场

朱宇　北京
审计合伙人
+86（10）6533 2236
Richard.y.zhu@cn.pwc.com

何淑贞　北京
银行及资本市场主管合伙人
+86（10）6533 2368
margarita.ho@cn.pwc.com

叶少宽　北京
审计合伙人
+86（10）6533 2300
linda.yip@cn.pwc.com

李宝亭　香港
审计合伙人
+852 2289 2982
peter.pt.li@hk.pwc.com

张立钧　北京
咨询合伙人
+86（10）6533 2755
james.chang@cn.pwc.com

陈宣统　香港
并购交易合伙人
+852 2289 2824
chris.st.chan@hk.pwc.com

季瑞华　北京
风险管理及内部控制合伙人
+86（10）6533 2269
william.gee@cn.pwc.com

资本市场与会计咨询服务

安迪生　北京
审计合伙人
+86（10）6533 7319
addison.l.everett@cn.pwc.com

保险业

周星　北京
审计合伙人
+86（10）6533 7986
xing.zhou@cn.pwc.com

Chris Hancorn　香港
精算服务合伙人
+852 2289 1177
chris.a.hancorn@hk.pwc.com

Lars Nielsen　香港
审计合伙人
+852 2289 2722
lars.c.nielsen@hk.pwc.com

黄小戎　上海
咨询合伙人
+86（21）2323 3799
xiaorong.huang@cn.pwc.com

刘淑艳　北京
精算服务合伙人
+86（10）6533 2592
shuyen.liu@cn.pwc.com

Rick Barto　香港
咨询合伙人
+852 2289 2477
rick.w.barto@hk.pwc.com

资产管理

薛竞　上海
审计合伙人
+86（21）2323 3277
jane.xue@cn.pwc.com

江秀云　香港
审计合伙人
+852 2289 2707
marie-anne.kong@hk.pwc.com

项目主持人

巴曙松

巴曙松研究员，金融学教授，博士生导师，中国银行业协会首席经济学家，兼任中国宏观经济学会副秘书长、商务部经贸政策咨询委员会委员、中国银监会中国银行业实施《巴塞尔新资本协议》专家指导委员会委员、中国证监会并购重组专家咨询委员会委员、香港特别行政区政府经济发展委员会委员、中国"十三五"国家发展规划专家委员会委员等。

巴曙松研究员还是享受国务院特殊津贴专家，先后担任中国银行杭州市分行副行长、中银香港助理总经理、中国证券业协会发展战略委员会主任、中央人民政府驻香港联络办公室经济部副部长、国务院发展研究中心金融研究所副所长等职务，曾在北京大学中国经济研究中心从事博士后研究，并在哥伦比亚大学担任高级访问学者。

主要著作有：《巴塞尔新资本协议研究》、《金融危机中的巴塞尔新资本协议：挑战与改进》、《巴塞尔资本协议III研究》、《中国资产管理行业发展报告》年度报告、《城镇化大转型的金融视角》、《房地产大转型的"互联网+"路径》、《巴塞尔III与金融监管大变革》等。译著有：《美国货币史》、《大而不倒》、《金融之王》、《资本之王》、《证券分析》等。

责任编辑：戴　硕　李　融
责任校对：孙　蕊
责任印制：程　颖

图书在版编目（CIP）数据

中国银行家调查报告 2016（Zhongguo Yinhangjia Diaocha Baogao 2016）/中国银行业协
会，普华永道编.—北京：中国金融出版社，2017.4

ISBN 978 – 7 – 5049 – 8838 – 6

Ⅰ.①中⋯　Ⅱ.①中⋯②普⋯　Ⅲ.①银行—调查报告—中国—2016　Ⅳ.①F832.3

中国版本图书馆CIP数据核字（2016）第317417号

出版
发行　**中国金融出版社**

社址　北京市丰台区益泽路2号
市场开发部　（010）63266347，63805472，63439533（传真）
网上书店　http://www.chinafph.com
　　　　　　（010）63286832，63365686（传真）
读者服务部　（010）66070833，62568380
邮编　100071
经销　新华书店
印刷　北京市松源印刷有限公司
尺寸　210毫米×285毫米
印张　17.5
字数　360千
版次　2017年4月第1版
印次　2017年4月第1次印刷
定价　132.00元
ISBN 978 – 7 – 5049 – 8838 – 6
如出现印装错误本社负责调换　联系电话（010）63263947